Hans Guldenmann

Zorn und Gerechtigkeit

Hans Guldenmann

Zorn und Gerechtigkeit

Konflikt als Prüfung

Fromm Verlag

Impressum/Imprint (nur für Deutschland/ only for Germany)
Bibliografische Information der Deutschen Nationalbibliothek: Die Deutsche Nationalbibliothek verzeichnet diese Publikation in der Deutschen Nationalbibliografie; detaillierte bibliografische Daten sind im Internet über http://dnb.d-nb.de abrufbar.

Contact:
International Book Market Service Ltd., 17 Rue Meldrum, Beau Bassin, 1713-01 Mauritius
Website: www.bookmarketservice.com
Email: info@bookmarketservice.com

Gedruckt in: USA, UK, Deutschland. Dieses Buch wurde nicht in Mauritius produziert.

Imprint (only for USA, GB)
Bibliographic information published by the Deutsche Nationalbibliothek: The Deutsche Nationalbibliothek lists this publication in the Deutsche Nationalbibliografie; detailed bibliographic data are available in the Internet at http://dnb.d-nb.de.

Contact:
International Book Market Service Ltd., 17 Rue Meldrum, Beau Bassin, 1713-01 Mauritius
Website: www.bookmarketservice.com
Email: info@bookmarketservice.com

Printed in: U.S.A., U.K., Germany. This book was not produced in Mauritius.

ISBN: 978-3-8416-0182-7

<u>Zorn und Gerechtigkeit</u>

Inhalt

Einleitung

Die gestaute Wut und ihre Folgen

Der Mensch im Streit mit der Gottheit

Die Moral der Geschichte

Konsequenzen

Einleitung

Mediation als Streit um die Sache

Der Streit um eine Orange hat sich als Paradigma eines bedeutenden Strangs der Mediation im Sinne des ‚Harvard Konzepts'[1] etabliert. Wie soll der Konflikt um das Objekt der Begierde gelöst werden? Soll es ‚gerecht', d.h. in möglichst gleiche Teile zerschnitten, verteilt werden? Soll es intakt erhalten durch das Los zugeteilt oder nach dem Leistungsprinzip als Siegespreis eines ‚fairen' Wettkampfs erworben werden?

Nein, es muss die entscheidende Frage gestellt werden: ‚Wozu braucht ihr die Orange?' Diese Frage ist das ‚Sesam öffne dich!' zur einvernehmlichen Lösung des Konflikts. Es stellt sich nämlich heraus, dass die Partei A Durst hat und sich einen Saft aus der Orange pressen will, Partei B jedoch einen Kuchen backen möchte und zur Verbesserung des Aromas die abgeriebene Schale braucht.

Die unergiebige Streiterei findet ein versöhnliches Ende, wenn es gelingt den Konflikt ‚sachbezogen', also gelöst von den auf die Person der Kontrahenten bezogenen negativen Emotionen, auf die eigentlichen Interessen der Konfliktparteien zurückzuführen. Sind diese erst einmal bewusst und gegenseitig anerkannt, wird man mit ein wenig Phantasie Optionen finden, die nach objektivierbaren Kriterien den Bedürfnissen und Ansprüchen der Parteien genügen. Diese Lösung ist besser als die ‚gerechte' Teilung und sogar besser als sie für den Gewinner einer ‚win-lose' Lösung wäre, denn sie ermöglicht es den Parteien, eine partnerschaftliche und kooperative Beziehung zu erhalten oder neu aufzubauen. So kann man sich leicht vorstellen, dass nach gelungener Mediation Partei A die Orange presst und Partei B einen Schluck vom Saft anbietet und von Partei B dafür ein Stück vom wunderbar gewürzten Orangenkuchen erhält. Vielleicht sehen sie sogar die Möglichkeit, die Einsicht in die optimale Nutzung der Orange kommerziell zu verwerten und ein gemeinsames Geschäft mit dem Angebot von O-Saft und Kuchen aufzubauen.

---

[1] Ich folge einer Darstellung des Harvard Konzepts von Marcus Knill zu finden unter: http://www.rhetorik.ch/Harvardkonzept/Harvardkonzept.html
und der aufgearbeiteten Darstellung von „Das Harvard-Konzept" von Roger Fisher, William Ury, Bruce Patton von Roland Rußwurm zu finden unter:
http://www.iemw.tuwien.ac.at/schawarz/Harvard_Verhandeln/sld001.htm

Konflikte beruhen nach diesem Paradigma also letztlich auf einem Irrtum oder zumindest einer unvollständigen Wahrnehmung. Ein im Streit sich zunehmend verengender ,Tunnelblick' verhindert die Wahrnehmung der berechtigten und mit den eigenen Interessen durchaus kompatiblen Bedürfnisse und Anliegen der Gegenpartei. Sich steigernde negative Emotionen wie Angst und Neid, gepaart mit Ressentiment und Vorurteil führen zu einer Fixierung auf Positionen, die nicht nur die berechtigten Anliegen der Gegenpartei nicht anerkennen, sondern auch die eigenen Interessen verkennen. Der Streit wird nicht um die Sache, sondern ad personam geführt und eskaliert im ungünstigsten Falle bis zur gegenseitigen Zerstörung der Kontrahenten.

Der/die Mediators/Mediatrix tritt in dieser Situation auf als Stimme der Vernunft. Er/Sie ist allparteilicher Katalysator in einem Prozess, der nach einem geregelten Verfahren den Blick der Parteien weiten und ihre Ohren öffnen soll, bis sie im Blick auf die Sache die Anliegen des Gegenübers verstehen und auch die eigenen Interessen wirklich erkennen und artikulieren können. Dazu werden die auf die Personen bezogenen Emotionen vom Problem getrennt. Dadurch soll es möglich werden, dass die Fixierung auf die Positionen gelöst und der Blick auf die in der Sache liegenden Interessen gelenkt wird. Der ,Tunnelblick' der Parteien weitet sich. Gemeinsame Interessen werden wahrgenommen, neue Lösungsmöglichkeiten kommen ins Blickfeld. Die Einbahnstrasse der Konflikteskalation kann verlassen werden. In einer kreativen Phase eröffnen sich Möglichkeiten zur Lösung des Konflikts, die objektiven Gerechtigkeitskriterien, den wohlverstandenen Interessen der Parteien, den gefundenen gemeinsamen Interessen und dem geltenden Recht genügen. Es sind die Parteien, die die Lösung finden. Sie sind frei sie nach ihrem Ermessen zu gestalten. Keine Macht entscheidet, kein Urteil, kein Schiedsspruch wird gefällt.

Dieser Idealfall der Mediation hat natürlich einige anthropologische Annahmen zur Voraussetzung. Die Kontrahenten erscheinen im Konfliktfall in einem Zustand der Verwirrung, ihrem eigentlichen Wesen entfremdet. Ihre Ziele sind diffus, sie kennen für ihre Handlungen weder alle Optionen noch deren Konsequenzen und sind nicht fähig, sich rational für die Handlungsvariante zu entscheiden, die ihren Interessen optimal entspricht und damit ihren Nutzen maximiert. Sie sind gleichsam vom Wege abgekommene ,homines oeconomici'. Es sind die Emotionen, die ihnen den Blick vernebeln. Verstrickt in ihre Beziehung, gefangen in der Geschichte ihres Konflikts, fixiert auf die Ungerechtigkeiten und Verletzungen, die sie erlitten haben, richten sie ihr Augenmerk auf den Gegner, in der Absicht, ihn zu treffen und sind unfähig, das Problem unabhängig von seiner Person zu sehen und nüchtern zu analysieren. Mediation erscheint so als ein Verfahren der Ernüchterung. Aus dem verderblichen Rausch der Gefühle sollen die Konfliktparteien herausgeführt und auf den Weg der Vernunft zu ihrem eigentlichen Wesen zurückgebracht werden, das ist der autonome homo oeconomicus. Sie sollen klar definierte Interessen und Ziele haben, sie sollen ihre Möglichkeiten kennen, sie sollen sich sachbezogen, rational verhalten und entscheiden. Aus dieser letztlich ökonomischen Rationalität ergibt sich dann auch die Kooperation. Sie folgt aus Robert Axelrods Prinzip des ‚tit for tat'[2] das zeigt, dass in Gruppen von begrenzter Grösse die Strategie des Spiegelns (wie du mir, so ich dir) mit anfänglicher Kooperationsbereitschaft langfristig die besten Resultate bringt.

Der freie, informierte, vernünftig handelnde Mensch kann die Konflikte mit seinesgleichen autonom zum gegenseitigen Nutzen lösen. Die Aufgabe der Mediation ist es, diesen Menschen aus dem Dunkel seiner irrationalen Emotionen herauszuholen und ihn in die Lage zu versetzen, von seiner Vernunft den richtigen Gebrauch zu machen. So muss er sich keiner Macht unterwerfen, keinem Urteil unterziehen, das über ihn gefällt wird.

Das Kernstück der Mediationskunst bestünde also darin, die streitenden Parteien, verlorenen Schafen gleich, bei ihren emotional besetzten Positionen abzuholen, ihre Erregung kontrolliert abzuleiten und gegenseitiges Vertrauen als Basis für ein sachbezogenes Gespräch über die eigenen und die gemeinsamen Interessen herzustellen. Dass dies mit einem geeigneten Verfahren und einer adäquaten Technik möglich sei, ist die Botschaft der Mediation.

Dieses optimistische Versprechen der Mediation weckt grosse Erwartungen und Hoffnungen. Die Evidenz des Orangenparadigmas wirkt überzeugend. Doch es gibt auch Skepsis.

Dem Versuch eine Methode zu finden, die es erlaubt, hilfreich in Konflikte einzugreifen, liegen Annahmen über das Wesen des Menschen zugrunde. Sie bestimmen den Weg und die möglichen Ziele. Sie definieren auch die Grenzen. Der ‚homo oeconomicus' als implizit oder explizit grundlegende anthropologische Hypothese eines Konfliktlösungsverfahrens eröffnet bestimmte Perspektiven und Möglichkeiten. Doch hat das Modell auch offenkundig Grenzen.

[2] Vgl. Robert Axelrod: Die Evolution der Kooperation., Oldenburg, 2005

Auf einen Punkt möchte ich näher eingehen:
Lässt sich die im ‚Harvard Konzept' geforderte Trennung von Person und Sache überhaupt durchführen? Man kann die Hypothese aufstellen, dass Konflikte ihren Ursprung in bestimmten Beziehungsmustern haben und die ‚Sache' nicht Ursache, sondern Medium des Konflikts ist. Oder anders gesagt: der Mensch hat im Konfliktfall keine Probleme, er ist das Problem. Seine Emotionen wären dann nicht störende Epiphänomene, mit denen so umgegangen werden muss, dass sie den vernünftigen Blick auf die Sache nicht verstellen, sondern die bestimmende Grösse, die die Inhalte, die Sache, für ihre Zwecke gebraucht. In diesem Sinne verstehe ich den Entwurf von Peter Sloterdijk[3], den er in seinem Buch ‚Zorn und Zeit' vorlegt. Jenseits der für die Konstruktion des ‚homo oeconomicus' zentralen Libidodynamik, etabliert er den ‚Zorn', den ‚thymos'[4], zum zentralen anthropologischen Moment.

Meine Arbeit setzt sich zum Ziel, der Frage nach der Bedeutung des ‚thymos' für die Anthropologie und damit auch für die Mediation nachzugehen. Ich begreife Sloterdjiks Buch als eine Herausforderung auch für die theologische Anthropologie. Ich möchte versuchen, Sloterdjiks Gedankengang bis zu den theologischen Implikationen, die er damit verbindet, und der Konklusion kommentierend nachzuskizzieren, um in der Auseinandersetzung mit seinen Thesen der Frage nach einem theologisch verantworteten und begründeten Menschenbild und seinen Konsequenzen für die Mediation nachzugehen.[5]

---

[3] Peter Sloterdijk, Prof. für Ästhetik und Philosophie an der Hochschule für Gestaltung in Karlsruhe. Aus seinem umfangreichen Werk beziehe ich mich in dieser Arbeit ausschliesslich auf seinen ‚politisch-psychologischen Versuch' ‚Zorn und Zeit' Suhrkamp Verlag, Frankfurt am Main, 2006
[4] Das Begriffsfeld des altgriechischen ‚thymos' ist weit gespannt. Es umfasst Begriffe wie Lebenkraft, Wille, Mut, Lust, Begierde, Zorn, Wut bis zu Gesinnung und Geist. Vgl. Langenscheidts Taschenwörtebuch, Altgiechisch-deutsch 40. Auflage 1985 S. 219. Sloterdjik verwendet den Begriff für die Kräfte die das Streben des Menschen nach Ehre, Anerkennung, Würde und Gerechtigkeit motivieren. Zorn, Stolz, Selbstwertgefühl etc.
[5] Sloterdjks Analysen der neuzeitlichen ‚Zornbanken' und ihres unheilvollen Wirkens sind zwar genauso lesenswert, doch für meine Fragestellung weniger zentral, weshalb sie in meiner Arbeit nicht zur Darstellung gelangen. Ich denke, dass damit Sloterdjiks anthropologischer Entwurf weder verkürzt noch entstellt wird, da es sich in diesen Analysen letztlich um Anwendungen seiner Konzepte zur Deutung der jüngeren Weltgeschichte handelt

Der Stand der Wissenschaft

Der homo oeconomicus als Nutzenmaximierer erscheint implizit als das Standartmodell, an dem sich die Theorie der Mediation als Problemlösung orientiert[6]. Seine Bereitschaft zur Kooperation folgt aus strategischem Kalkül. Kooperation kann, vor allem langfristig, auch den individuellen Nutzen maximieren. Darum ist er an Verfahren interessiert, die diese Kooperation ermöglichen und oftmals verlustreiche Auseinandersetzungen beenden können. Er handelt nicht aus Altruismus,Verantwortung für die Gemeinschaft, Gerechtigkeitssinn, Barmherzigkeit oder Nächstenliebe, sondern aus Kalkül. Er realisiert seine Interessen maximal. Er ist nicht daran interessiert, anderen zu schaden, wenn er davon keinen Nutzen hat. Er bewegt sich in der Sphäre des ‚Habens'. ‚Nutzen' begreift er in erster Linie materiell. Seine Konflikte sind also im wesentlichen Verteilungskonflikte.

Dieses Modell ist zunehmender Kritik ausgesetzt. Prof. Simon Gächter[7] zeigt anhand zweier ökonomischer Experimente dem „Ultimatum-Spiel" und dem „öffentlichen Gut-Spiel", dass in vielen Entscheidungssituationen nicht rationale ökonomische Überlegungen, sondern Emotionen ausschlaggebend sind. Beide Spiele spielen in neuroökonomischen Untersuchungen, die sich mit den Gefühlen hinter ökonomischen Entscheidungen auseinandersetzen, eine zentrale Rolle.

1. Das Ultimatum-Spiel

In diesem Spiel gibt es zwei Spieler. Der Zufall entscheidet, welcher von zwei Versuchspersonen Spieler 1 ist und wer die Rolle von Spieler 2 übernimmt. Spieler 1 erhält einen Geldbetrag, z. B. 10 Euro, den er zwischen sich und Spieler 2 aufteilen muss. Spieler 1 kann Spieler 2 jeden beliebigen Geldbetrag anbieten. Spieler 2 kann nur annehmen oder ablehnen, aber keinen Gegenvorschlag machen. Wenn Spieler 2 ablehnt, bekommen beide nichts. Wenn Spieler 2 annimmt, erhält er den vorgeschlagenen Betrag.

Dieses Spiel eignet sich besonders gut, die Eigennutzhypothese zu testen, weil sie für Spieler 2 eine besonders einfache und klare Prognose macht: jeder positive Geldbetrag ist besser als nichts, weshalb Spieler 2 alles annehmen sollte. Falls Spieler 2 also ablehnt, ist die Richtigkeit der Eigennutzannahme in Frage gestellt.

---

[6] Das gilt nicht für den transformativen Ansatz von Bush und Folger. Hier rückt der Mensch als Beziehungswesen ins Zentrum. Vgl. Robert A. Baruch Bush, Joseph P. Folger, The Promise of Mediation, Jossey-Bass, San Francisco, 1994

[7] Simon Gächter, Professor für Volkswirtschaftslehre an der Universität St. Gallen

Hunderte Experimente aus allen Kulturen haben gezeigt, dass diese Prognose falsch ist. Die Mehrheit der Leute lehnt (krass) unfaire Aufteilungsvorschläge ab. Je ungleicher der Aufteilungsvorschlag, desto höher ist die Ablehnungswahrscheinlichkeit. Dies wird von der Mehrheit der Spieler 1 antizipiert, die deshalb typischerweise zwischen 4 und 5 Euro anbieten.

2. Das öffentliche Gut-Spiel

In diesem Spiel erhalten die Versuchspersonen eine bestimmte Geldausstattung, die sie in ein Gemeinschaftskonto investieren, oder aber für sich behalten können. Wenn sie das Geld ins Gemeinschaftskonto investieren, profitieren alle Gruppenmitglieder. Ein „Trittbrettfahrer", der das Geld für sich behält, profitiert ebenfalls vom Gemeinschaftskonto, verfügt aber zusätzlich noch über das behaltene Geld. Wenn also alle Spieler möglichst viel Geld verdienen wollen, tragen sie nichts zum Gemeinschaftskonto bei. Allerdings führt dies dazu, dass die Gruppe als Ganzes weniger verdient, als wenn alle ihr Geld ins Gemeinschaftskonto legen würden. Zahlreiche Experimente mit diesem „öffentlichen Gut-Spiel" haben gezeigt, dass es wesentlich mehr Kooperation gibt, als von der Theorie prognostiziert wird. Also ist der Mensch doch kein Egoist, sondern dem Gemeinwohl verpflichtet? Weitere Experimente zeigen, dass diese Schlussfolgerung zu kurz greift. In Experimenten, in denen dieses Spiel wiederholt durchgeführt wird, bricht die anfänglich hohe Kooperation auch regelmäßig rasch zusammen, weil diejenigen, die beigetragen haben, merken, dass sie von Trittbrettfahrern „ausgebeutet" werden. Dieses Ergebnis dreht sich rasch um, wenn man in den Experimenten den Spielern Sanktionsmöglichkeiten gibt. Konkret können die Spieler durch Bezahlen eines Geldbetrages das Einkommen der anderen Gruppenmitglieder reduzieren. Bestrafung ist für den Bestrafenden kostspielig und mit keinerlei materiellem Vorteil verbunden. Trotzdem sind vor allem die kooperativ eingestellten Spieler bereit, Kosten auf sich zu nehmen, um Trittbrettfahrer zu strafen. Diese merken, dass sie bestraft werden, wenn sie nichts zum Gemeinschaftskonto beitragen und ändern deshalb ihr Verhalten.[8]

---

[8] Aus der Überarbeiteten Fassung des Vortrages von Prof. Dr. Simon Gächter, den er am 30. November 2005 auf dem Kongress „Neuro2005: Gehirn – Geist – Psyche" des Wissenschaftszentrums NRW und des Kompetenznetzwerkes NeuroNRW gehalten hat. http://www.wznrw.de/Neuro2005/Dokumentationen/G%C4CHTER%20FORMATIERT.pdf

Die Versuchspersonen verhalten sich also nicht nach der Logik des homo oeconomicus. Sie scheinen vielmehr von einem ‚Gefühl für Gerechtigkeit' geleitet zu sein. Ein Gefühl, dass ein Bedürfnis nach Sanktion und Strafe für ‚unfaires' ‚ausbeuterisches' ‚egoistisches' Verhalten evoziert. Dieses Gefühl, man könnte es wohl mit Ärger, Verdruss, Vergeltungsdrang umschreiben, ist offenbar stärker als die Befriedigung, die aus der Realisierung des möglichen Nutzens resultieren könnte, wenn sich die Versuchspersonen ‚korrekt' nach der ökonomischen Rationalität verhalten hätten. Prof. Gächter verweist in seinem Vortrag auf Dominique de Quervain und seine Mitarbeiter[9] die zeigen konnten, dass Spieler die vor der Entscheidung standen ‚Trittbrettfahrer' im ‚öffentlichen Gut-Spiel' zu bestrafen, ein Belohnungsareal im Gehirn aktivierten, das auch beim Anblick einer Geliebten, Geld oder Kokain erregt wird. Je grösser die Aktivierung, desto härter die Strafe. Es bestätigt sich also das alte Wort: „Rache ist süss."

Das Modell des ‚homo oeconomicus' wird fragwürdig. An seine Stelle tritt der u.a. auch von Peter Sloterdjik wiederentdeckte ‚zornige Mensch'.

---

[9] Ebenda. Professor Dominique de Quervain arbeitet an der Abteilung für Psychiatrische Forschung der Universität Zürich.

Die gestaute Wut und ihre Folgen

Am Anfang war Zorn

Μῆνιν ἄειδε, θεά, Πηληιάδεω Ἀχιλῆος, Singe den Zorn, o Göttin, des Peleiaden Achilleus.

'Am Anfang des ersten Satzes der europäischen Überlieferung, im Eingangsvers der Illias, taucht das Wort 'Zorn' auf, fatal und feierlich wie ein Appell, der keinen Widerspruch duldet.'[10] So beginnt Peter Sloterdjik seinen 'politisch-psychologischen Versuch' über 'Zorn und Zeit'. Damit wird eine Polemik eröffnet, die sich nicht zuletzt gegen das 'völlig unglaubwürdige Konstrukt des *homo oeconomicus*'[11] richtet. 'Jenseits der Erotik' eröffnet er eine 'thymotische Welt', eine Welt, in der Stolz, Würde, Ehre, Mut, Ehrgeiz, Geltungsdrang und nicht zuletzt das Verlangen nach Gerechtigkeit für das rechte Verständnis des menschlichen Wesens grundlegende und unabgeleitete Grössen bilden.

Damit gerät er in Konflikt mit dem Lehrgebäude der Psychoanalyse, der er eine verengte Wahrnehmung vorwirft: 'Die Quelle des prinzipiellen Missverständnisses, dem sich die Psychoanalyse verschrieben hatte, lag in ihrem naturalistisch verkleideten kryptophilosophischen Vorsatz, die conditio humana insgesamt von der Libidodynamik her, mithin von der Erotik, zu erklären. Dies hätte kein Verhängnis bedeuten müssen, wäre das legitime Interesse der Analytiker für den energiereichen Eros-Pol der Psyche mit einer ebenso lebhaften Zuwendung zum Pol der thymotischen Energien verbunden gewesen.'[12]

Die Leistungen der Psychoanalyse werden von Sloterdjik wohl gewürdigt:
'Ihrem erotodynamischen Ansatz entsprechend brachte die Psychoanalyse viel von dem Hass ans Licht, der die dunkle Kehrseite der Liebe bildet. Es gelang ihr zu zeigen, dass das Hassen ähnlichen Gesetzen unterliegt wie das Lieben und dass hier wie dort Projektion und Wiederholungszwang das Kommando führen.[13]

Den Mangel der Psychoanalyse ortet Sloterdjik in ihrer Unfähigkeit, das Phänomen 'des Zorns, der aus dem Streben nach Erfolg, Ansehen, Selbstachtung und dessen Rückschlägen entspringt', adäquat zu erklären. Das Problem der Selbstaffirmation

[10] Peter Sloterdijk 'Zorn und Zeit' Suhrkamp 2006 S. 9
[11] Ebenda S. 32
[12] Ebenda S. 27
[13] Ebenda S. 28

werde in der Narzissmustheorie der Psychoanalyse inadäquat behandelt.[14] Tatsächlich unterscheidet Freud den primären und sekundären Narzissmus[15]. Beim primären Narzissmus richtet das Kleinkind seine sexuelle Energie ganz auf sich selbst. Beim sekundären Narzissmus wird nach frustrierenden Erfahrungen die sexuelle Energie von äußeren Objekten wieder abgezogen und auf sich selbst gelenkt. Das veranlasst Sloterdjik zur Bemerkung, dass die Psychoanalyse ‚die vergebliche Mühe auf sich nähme, die eigensinnige Fülle der thymotischen Phänomene von der Autoerotik und deren pathogenen Zersplitterungen abzuleiten. Zwar formuliere sie ein respektables Bildungsprogramm für die Psyche, das die Transformation der sogenannten narzisstischen Zustände in reife Objektliebe zum Ziel habe, doch ‚es kam ihr nie in den Sinn, einen analogen Bildungsweg für die Hervorbringung des stolzen Erwachsenen, des Kämpfers und Ambitionsträgers, zu entwerfen.'[16]

[14] Ebenda

[15] Vgl. http://de.wikipedia.org/wiki/Narzissmus

[16]Ebenda S. 29 Hier wird man natürlich an Nietzsche erinnert. Er wird von Sloterdjik als ‚anregenster neo-thymothischer Denker der Moderne' gewürdigt. Doch Nietzsches Angriff auf die christliche Moral als Racheakt gegen das Leben wird gleichzeitig einer kritischen Revision unterzogen. Sloterdji schreibt: ‚Das Christentum (...) bot für eine Attacke von solcher Vehemenz längst kein adäquates Ziel mehr. (…) In den Milieus des Nationalismus und des Internationalismus waren neue akute Ressentimentherde entstanden, die von einem Klerus unbekannten Typs, den Weltgeistlichen des Hasses, für den Ansturm gegen die ‚bestehenden Verhältnisse' geschürt wurden.' Vgl. S. 47f Nicht das Christentum, sondern das national- und weltrevolutionäre ‚Muckertum', wie es von Nietzsche genannt wurde, war die wirkliche Gefahr.

Die thymotische Oekonomie

Wie handelt und verhandelt der von thymotischen Antrieben geleitete Mensch? Wie wäre ein Wirtschaftsleben vorstellbar, das nicht auf den erotischen Impulsen, d.h. dem Begehren, dem Habenwollen, dem Einverleibungstrieb aufbaute, sondern auf thymotischen Impulsen wie dem Verlangen nach Anerkennung und Selbstachtung?[17]

Mit Bezug auf Georges Bataille und Nietzsche entwirft Sloterdjik ein dem von der Gier getrieben homo oeconomicus entgegen gesetzter von Stolz und Würde geleiteter ‚homo thymoticus'.[18] Dabei geht er von der These aus, dass der Kern der herkömmlichen Ökonomie in der Umwandlung moralischer Schuld in monetäre Schulden sei. Das verbindende Merkmal von Schuld und Schulden erkennt er darin, dass sie das Leben des Belasteten an einen ‚in der Vergangenheit geknüpften Knoten' bänden. So stifteten sie gemeinsam einen rückwärtsgewandten Beziehungszwang, wodurch das Gewesene seine Herrschaft über das Kommende aufrechterhalte. Abzahlen und Heimzahlen seien die Quellen des Ressentiments, das letztlich auf der Überzeugung fusse, dass nichts in der Welt umsonst sei, und jeder Vorzug bis ins Kleinste zurückgezahlt werden müsse.[19]

Die andere (thymotische) Oekonomie gründet nach Sloterdjik genau auf dem Bruch mit dieser ‚Äquivalenzillusion" und der Einsicht, dass das Zurückzahlen von Wert eine Fiktion ist. Für die Bildung einer transkapitalistischen Ökonomie müssten daher die Fesseln der Vergangenheit gelöst werden. An die Stelle der rückwärtsgewandten Akte des Ab- und Heimzahlens müssten vorwärtsweisende, stiftende, gebende und überschiessende Gesten treten. Diese entsprängen der „psychologisch unwahrscheinlichen, obschon moralisch unverzichtbaren **Geste des Verzeihens**".[20]

---

[17] Vgl. ebenda S. 50

[18] Der Ausdruck ‚homo thymoticus' findet sich so bei Sloterdjik nicht.

[19] Vgl. ebenda S. 51f

[20] Vgl. ebenda S.52f Diesen Abschnitt scheint Hilal Sezgin in seiner Rezension übersehen zu haben, wenn er schreibt: Wenn wir etwas über den Zorn wissen, dann, dass er selten Befriedigung erlangt, dass ein Rächer nie an ein letztes Ziel kommt, die Revolutionäre nicht zufrieden sind mit dem, was sie losgetreten haben. Wir wissen, dass der Hass den Menschen zwar antreibt, aber auch zerfrisst – und zwar sogar unabhängig davon, ob er im Recht ist. Nur deswegen werden Vergewaltigungsopfer mit ihren Tätern zusammengeführt, damit sie ihre Wut nicht endlos mit sich herumtragen müssen; daher berichten KZ-Überlebende, dass ihr Leben erst ruhiger wurde, als sie ihren Peinigern vergeben konnten – nicht etwa um dieser Mörder, sondern um ihrer selbst willen.
Dass der Autor sich nicht mehr Mühe gegeben hat, diesen naheliegenden Einwand gleich zu Beginn aus dem Feld zu räumen, ist mit das Verblüffendste an seinem Buch – neben der Fülle interessanter Phänomene, die ein enthusiasmierter Thymologe mit Hilfe seines Lieblingsbegriffs entdecken kann. DIE ZEIT, 28.09.2006 Nr. 40

Diese Geste des Verzeihens scheint mir der Brennpunkt der Überlegungen Sloterdjiks zu sein. In einem grossen Bogen kommt er in seiner Konklusion auf diesen Punkt zurück, wenn er sagt: „Die folgende Einsicht ist wie ein Axiom festzuhalten: ‚**In der globalisierten Situation ist keine Politik des Leidensausgleichs im Grossen mehr möglich, die auf dem Nachtragen von vergangenem Unrecht aufbaut**, unter welchen welterlöserisch, sozialmessianisch oder demokratiemessianisch codierten Verbrämungen auch immer. Diese Erkenntnis setzt der moralischen Produktivität von Vorwurfsbewegungen enge Grenzen, selbst wenn sie – wie der Sozialismus, der Feminismus, der Postkolonialismus – für eine an sich respektable Sache eintraten. Viel wichtiger ist es jetzt, die altehrwürdig-fatale Allianz von Intelligenz und Ressentiment zu delegitimieren, um zukunftsfähigen Paradigmen entgifteter Lebensweisheit Raum zu verschaffen."[21] Sloterdjik setzt auf ein globales Bildungsprogramm, zur Zivilisierung der thymotischen Energien.[22] Seine Analyse gilt im Weiteren aber den fragwürdigen und gescheiterten Experimenten im Umgang mit dem Zorn.

[21] Ebenda S. 354 Hervorhebung H.G.
[22] Ebenda S. 355

Kain und Abel

In seiner Analyse des problematischen Umgangs mit den thymotischen Energien greift Sloterdjik auf die Geschichte von Kain und Abel zurück, wie sie im Buch Genesis[23] überliefert ist.[24] Kain, der Ackerbauer, und Abel, der Schafhirt, geraten, nachdem sie ihre Opfer darbrachten, in einen Konflikt. Als Grund für den Konflikt gilt der lapidare Satz: ,Und der Herr sah wohlgefällig auf Abel und sein Opfer, auf Kain aber und sein Opfer sah er nicht.'[25] Für diese Diskriminierung wird keine Erklärung gegeben. Doch dieses Faktum wurde von Kain wohl als ,ungerecht' erlebt. Sloterdjik legt Gewicht auf den Umstand, dass die Gottheit[26] ihm die Beherrschung seines Kränkungsaffektes zumute. Er zitiert Gen. 4. 6f:

„Der Herr sprach zu Kain: Warum überläuft es dich heiss, und warum senkst du deinen Blick? Nicht wahr, wenn du recht tust, darfst du aufblicken; wenn du nicht recht tust, lauert an der Tür die Sünde als Dämon. Auf dich hat er es abgesehen, doch du werde Herr über ihn."

Diese in die Erzählung eingeschobene Mahnung ist komplex. Eine Ebene ist gewiss die von Sloterdjik hervorgehobene, dass die Tötung Abels durch Kain als Mord und nicht etwa als entschuldbare Affekthandlung gewertet werden soll und muss. Eine Alternative zum Handeln Kains wird sichtbar, eine Alternative, die Kain nun genau so bewusst verwerfen muss, wie er bewusst seinen Affekt verzögert und in einen Plan, ein Projekt, zur Ermordung seines Bruders verwandelt.

Eine andere Ebene, auf die ich mehr Gewicht legen möchte, ist, dass die Frage nach Recht und Unrecht gestellt wird. Damit wird auf eine Verschiebung aufmerksam gemacht, die nahezu unbemerkt von Kain vollzogen wird. Sein Zorn richtet sich nicht auf den Verursacher der von ihm erfahrenen Kränkung, das wäre ja tatsächlich die Gottheit selbst, sondern auf den unschuldig Begünstigten, seinen Bruder. Dieser hatte, das darf man voraussetzen, nicht die Absicht, mit seinem Opfer

[23] Vgl. Gen. 4

[24] Sloterdjik S. 124ff

[25] Gen. 4.4f Es darf vermutet werden, dass die Geschichte von Kain und Abel ein Reflex kultureller und ökonomischer Differenzen zwischen nomadisierenden Hirten und sesshaften Bauern darstellt. Annahme und Ablehnung des Opfers liesse sich aus dem Erfolg der Unternehmungen des Hirten und des Bauern ablesen. So kann man schliessen, dass sich Abels Herden prächtig vermehrten, während Kain von Missernten heimgesucht wurde. Neid als Motiv für die Tat Kains könnte so historischer Faktizität durchaus entsprechen.

[26] Auf Anregung meines Lehrers Prof. H. Ott verwende ich den Begriff ,Gottheit' synonym mit ,Gott'. Die weibliche Form soll der Vorstellung entgegenwirken, Gott habe ein männliches Geschlecht. Der Entscheid für die jeweilige Bezeichnung ist auch eine Frage des Sprachflusses. Zudem ist, wenn von der Gottheit weiter unten aus der Sicht Hiobs und einer Freunde die Rede ist, die Bezeichnung ,Gott' die eher maskulin konnotiert ist, sicher angemessen.

den Bruder zu kränken oder zu diskriminieren. Sein Erfolg war nicht gegen den Bruder gerichtet und nicht auf dessen Kosten erworben. Sein Glück war vielleicht unverdient, ein Ergebnis des Zufalls, der Umstände, aber nirgends wird erwähnt, dass es das Unglück des Bruders zur Voraussetzung gehabt oder verursacht habe. Das ist die Unschuld Abels. Das Kain kann das allerdings schlecht nachvollziehen. Ungleichheit ist ihm Ungerechtigkeit a priori. Der Neid fordert Rache. Die Rache begründet Schuld.[27]

Neid ist der Grundaffekt des Ressentiments auch im Sinne Nietzsches. Es ist der Affekt der ‚Zukurzgekommenen' und im Sinne des Mythos von Kain und Abel auch der Feiglinge. Man mag sich fragen, weshalb Kain seinen Zorn, den er richtigerweise auf Gott haben müsste, auf den unschuldigen Abel verschiebt. Es liegt nahe zu vermuten, dass er es für zu gefährlich hielt, sich mit dem Allmächtigen selbst anzulegen. Es ist also letztlich ein Mangel an Stolz und Würde, aus dem das Ressentiment erwächst und seine unschuldigen Opfer fordert. An den Schwächeren wird Rache genommen für das Unrecht, das man glaubt erlitten zu haben.

[27] Für wie bedeutsam der Neid als Quelle von Streit und Zwietracht seit jeher gehalten wurde zeigt auch die berühmte Geschichte der Eris, die den goldenen Apfel der Zwietracht (den sprichwörtlichen "Zankapfel") auf der Hochzeit des Peleus und der Thetis, zu der sie nicht eingeladen war, unter die Gäste warf. Auf diesem Apfel war „der Schönsten" eingraviert. Aphrodite, Athene und Hera begannen um den Apfel zu streiten. Dieser Streit führte zum berühmten Urteil des Paris, das nach dem Mythos den trojanischen Krieg verursacht hat.

Zorn und Zeit

An der Geschichte von Kain und Abel werden die grundlegenden Elemente sichtbar, auf denen Sloterdjiks Theorie einer ‚Zornwirtschaft', die in Analogie zur Kapitalwirtschaft funktioniert, aufgebaut ist.

1. Der Affekt kann zurückgehalten und aufbewahrt werden.
2. Die Energie des aufbewahrten Affektes kann für die Durchführung eines Projekts genutzt werden.
3. Das Ziel des Projekts muss nicht der Erreger des ursprünglichen Affekts sein. Die Objekte des Hasses können verschoben werden.

Die Fähigkeit, den Zorn aufzubewahren, eröffnet auch die Möglichkeit, ihn zu sammeln und ähnlich wie Geld auf einem Konto anzuhäufen. Diese Möglichkeit wurde bereits von Eric Berne, dem Begründer der ‚Transaktionalen Analyse' erkannt. Es gibt nach Berne Menschen, die bestimmte Gefühle nicht wieder vergessen, wenn sie einmal ausgelöst worden sind, sondern ‚aufbewahren' oder ‚zur Seite legen', wie Rabattmarken aufbewahrt und eingeklebt werden, wobei später die voll geklebten Hefte für besondere Vergünstigungen („Prämien") eingetauscht werden können. Dabei ist interessant, dass Berne offenbar davon ausgeht, dass es auch gefälschte Rabattmarken geben kann. Diese ergeben sich aus Gefühlen, die keine Beziehung zu äusseren Geschehnissen haben, sondern auf einer illusionären oder gar wahnhaften Verkennung der Realität beruhen. Rabattmarken werden, nach Berne, gesammelt, um später ohne schlechtes Gewissen in sozial destruktive oder selbstdestruktive Ausbrüche umgetauscht werden zu können.[28]

Sloterdjik erweitert diese Erkenntnis von der individualpsychologischen in die historisch-politische Dimension. Aus dem individuellen Rabattmarkensystem, dem privaten Sparstrumpf des Zorns, wird ein Bankensystem, in dem die aufbewahrte Wut der Individuen zusammengetragen und in ‚Zornkapital' verwandelt wird. Dazu ist es notwendig, sich von dem Vorurteil zu befreien, Banken tätigten ausschliesslich Geldgeschäfte. Sloterdjik definiert: ‚Bankanaloge Prozesse treten überall dort in Erscheinung, wo kulturelle und psychopolitische Entitäten – wie wissenschaftliche Erkenntnisse, Glaubensakte, Kunstwerke, politische Protestregungen und anderes –

[28] Vgl. Leonard Schlegel ‚Die Transaktionale Analyse',
Franke Verlag Tübingen und Basel, 4. Auflage 1995, S. 140f

sich anhäufen, um von einem gewissen Akkumulationsgrad an von der Schatzform zur Kapitalform überzugehen. (...) Indem sie dies tun, entlasten sie ihre Klienten von der Verlegenheit der Eigeninitiative und stellen gleichwohl Gewinne in Aussicht, und was in einem Fall die monetären Kapitalerträge bedeuten, sind im anderen die thymotischen Prämien.'[29]

'Aus der Projektform des Zorns entsteht die Rache.'[30] Diese hat eine zeitliche Dimension, indem sie ein Ereignis in der Vergangenheit mit einem Vorhaben in der Zukunft verknüpft. So wird die Rache für den Rächer/die Rächerin auch sinnstiftend. Sloterdjik formuliert: 'Wer einen festen Rachevorsatz unerledigt in sich trägt, ist vor Sinnproblemen bis auf weiteres sicher. (...) Die tiefe Einfachheit der Rache befriedigt das allzu menschliche Bedürfnis nach starker Motivierung. Ein Motiv, ein Agent, eine notwendige Tat: Das ergibt das Formular zum vollkommenen Projekt. (...) Dem Rächer bleibt die 'Not der Notlosigkeit' erspart, von der Heidegger behauptet hatte, sie sei das Signum der vom Sinn für Not-Wendigkeit im Stich gelassenen Existenz.'[31]

Der Übergang von der Projektform zur Bankform des Zorns bedingt weitere Transformationen des individuellen Zorns. Die bis dahin divergierenden Ziele des Zorns und die differenten Objekte des Hasses müssen zusammengeführt werden. Die zahlreichen rächerischen Geschichten müsse zu einer vereinten Geschichte zusammengezogen werden.[32] Aus den Projekten des Zorns wird eine Geschichte des Zorns. Sloterdjik formuliert: 'Die Geschichte selbst nimmt die Form eines Unternehmens von höchstem Ambitionsgrad an, sobald sich ein Kollektiv konstituiert, das seine Zornpotentiale – wie seine Hoffnungen und Ideale – in gemeinsame langfristige Operationen investiert. Die erzählte Historie übernimmt dann die Aufgabe, von den Taten und Leiden des massgeblichen Zornkollektivs Rechenschaft zu geben. (...) Nur wenn die diskreten Energien in überlegene Grossprojekte investiert werden und wenn sich weitsichtige, hinreichend ruhige und diabolische Regisseure um die Verwaltung der kollektiven Zornvermögen kümmern, kann aus den vielen isolierten Feuerstellen ein Kraftwerk werden, das Energie für koordinierte Aktionen liefert, bis hinauf zu der Ebene der 'Weltpolitik'. Dazu sind visionäre Parolen nötig, die nicht nur zur akuten Wut der Menschen sprechen,

[29] Sloterdjik S. 210f
[30] Ebenda S. 98
[31] Ebenda
[32] Vgl. ebenda S. 100

sondern auch zu ihren tiefen Verbitterungen, nicht zuletzt ihren Hoffnungen und ihrem Stolz.'[33] An der Weltgeschichte teilzuhaben, sie mit voranzutreiben, sich mit den grossen Visionen und Zielen der historischen Bewegung identifizieren zu können, ist also die thymotische Prämie, die in Aussicht steht, wenn man seine kleine private Wut in den Dienst der grossen Sache stellt. Die auf das individuelle Racheprojekt bezogene und damit auch limitierte Sinnstiftung wird im grandiosen, die eigene Existenz überschreitenden Sinn der Geschichte aufgehoben.

Um mit dem Zorn Geschichte zu machen, braucht er Dauer. Hier wird eine weitere Analogie der Bankform des Zorns mit dem Kapital relevant. Kapital verfällt nicht mit dem Tod des Eigentümers. Es wird an die nächsten Generationen weitergegeben. Diese Bedingung muss auch geschichtswirksames Zornkapital erfüllen. Darum gilt: ,Wer den Zorn hegen und vererben will, muss die Nachkommen zu einem Teil einer Geschichte von Revanche fordernden Opfern machen.'[34]

[33] Ebenda
[34] Sloterdjik S. 101

Der Zornschatz

Der gesammelte Zorn muss weitergegeben, muss tradiert werden. Sloterdjik identifiziert innerhalb der jüdisch-christlichen Tradition insbesondere die Feind- und Fluchpsalmgruppe als authentische Zornschatzbildung, als einen ‚Wertvorrat, der angehäuft wird, damit man in Zeiten des Mangels auf ihn zurückgreifen kann.'[35]

Tatsächlich bekommt hier der Ruf nach Rache und Gerechtigkeit einen beredten Ausdruck. Stellvertretend sollen hier die entsprechenden Verse 19-22 aus dem 139 Psalm zitiert werden.[36]

Wolltest du, Gott, doch den Frevler töten!
Ihr Mörder weicht von mir
Sie sprechen von dir voller Tücke,
es erheben sich deine Feinde im Wahn.
Sollte ich nicht hassen, Herr, die dich hassen,
sollten mich nicht ekeln, die sich gegen dich auflehnen?
Ich hasse sie mit glühendem Hass,
auch mir sind sie zu Feinden geworden.

Sloterdjik betrachtet die Feind- und Rachepsalmen als Dokumente der ‚Zornschatzbildung' in der Zeit nach der Niederlage des jüdischen Königreiches. Jerusalem wurde 586 von den babylonischen Eroberern zerstört und die Einwohner deportiert. Diese traumatischen Erfahrungen haben gewiss in der einen oder anderen Form in den Psalmen ihren Niederschlag gefunden. Berühmt ist der Anfang des 137. Psalms: ‚An den Strömen Babels, da sassen wir und weinten, wenn wir Zion gedachten.' Von daher analysiert er sie als ‚herausragendes Zeugnis für die Urgeschichte des Phänomens Militanz' als ‚Nachricht des Verlierers, der zu seiner Niederlage eine abweichende Stellungnahme abgibt.' Drei Merkmale scheinen ihn in diesen ‚Überlebensprogrammen', man könnte wohl auch ‚Durchhalteparolen' sagen, typisch. Die Attitüde der verschobenen Überheblichkeit, die Figur der vertagten Hoffnung, der Traum von der finalen Revanche.[37]

Doch die ‚Zornschatzbildung' der jüdisch-christlichen Tradition richte sich nicht nur gegen äussere Feinde. Sloterdjik identifiziert ein zweites ‚Depot', in dem sich autoaggressive Zornmengen sammeln. Dieses ‚Depot' sei bei der Gottheit selbst zu

[35] Ebenda S. 135
[36] Zitat nach ‚Zürcher Bibel' 2007 Genossenschaft Verlag der Zürcher Bibel beim Theologischen Verlag Zürich
[37] vgl. Sloterdjik S. 133

finden. Das Unrecht, das von den Herrschenden und Mächtigen im Volk selbst verübt werde, errege ihren Zorn. Dieser Zorn sammle sich bei der Gottheit an, so dass es nur eine Frage der Zeit sei, dass dieser Zorn zum Ausbruch komme.[38] Als Beispiel zitiert Sloterdjik Ezechiel 6 11-14:

Weh über all die bösen Greultaten des Hauses Israel! Ihretwegen werden sie durch Schwert, Hunger und Pest umkommen. Wer in der Ferne ist, wird an der Pest sterben; wer nahe ist, wird unter dem Schwert fallen. Wer übrig und verschont geblieben ist, wird vor Hunger sterben. So lasse ich meinen Grimm an ihnen aus. Wenn die Erschlagenen mitten unter ihren Götzenbildern liegen, rings um ihre Altäre...dann werdet ihr erkennen, dass ich der Herr bin. Ich strecke meine Hand gegen sie aus und mache ihr Land zur öden Wüste...Dann werden sie erkennen, dass ich der Herr bin.'[39]

Die pädagogische Absicht des göttlichen Zorns ist unverkennbar. Er zielt nicht auf Vernichtung, sondern auf Wandlung durch Einsicht. Das Volk, vor allem seine Führer, soll zum Recht des Sinaibundes zurückgeführt werden. So lesen wir bei Jesaja 1.23: ‚Deine Anführer sind störrisch und Kumpane von Dieben. Jeder liebt Bestechung und jagt Geschenken nach. Der Waise verschaffen sie nicht Recht, und der Rechtsstreit der Witwe kommt nicht vor sie.' Und in 1.27: ‚Zion wird losgekauft werden durch Recht und seine Bekehrten mit Gerechtigkeit.'

Es ist auch unverkennbar, dass dieser Zorn der Gottheit nicht nur gefürchtet, sondern auch gefordert und von den Propheten sehnlichst erwartet wurde. So lesen wir bei Jeremia 12 1-4:

‚Du Herr bist gerecht, wenn ich mit dir streite. Dennoch befrage ich dich zum Recht: Warum führt der Weg der Frevler zum Erfolg, haben Ruhe alle, die treulos handeln? Du hast sie gepflanzt, auch sind sie fest verwurzelt, sie wachsen, auch haben sie Frucht gebracht; ihrem Mund bist du nahe, ihrem Inneren aber fern. Und du, Herr, du kennst mich, du siehst mich und prüfst, ob mein Herz bei dir ist. Sondere sie aus wie Schafe zur Schlachtung, und weihe sie für den Tag der Tötung. Wie lange soll das Land trauern und überall auf den Feld das Kraut verdorren? Der Bosheit seiner Bewohner wegen wurden Vieh und Vögel dahingerafft, denn sie haben gesagt: Er sieht unsere Pfade nicht.'[40]

---

[38] Vgl. ebenda S. 137f

[39] Zitat nach Sloterdjik: Neue Jerusalemer Bibel, Freiburg/Basel/Wien 1985, S1202 Auslassungen nach Sloterdjik.

[40] Zitate aus Jes. und Jer.: Zürcher Bibel 2007

Wer Gewalt und Unrecht ohnmächtig ertragen muss, der setzt seine Hoffnung in die pädagogisch motivierte Rache der Gottheit. Er hofft auf eine Gottheit, die die Herzen der Menschen kennt und sich ihrer Taten erinnert. Sollte Gott das Leid, den Schmerz, das Unrecht, die Erniedrigung, den Verrat, die Gewalttat vergessen? Die Ohnmacht hofft darauf, dass die Gottheit die Archive über Taten und Gesinnung der Menschen akribisch führt. Sie hofft auf die Offenbarung der wahren Verhältnisse, die Entdeckung der Schandtaten, die Entlarvung der Lügen.

Über das Ziel hinaus

Doch das Leiden des Volkes konnte nicht auf Dauer als Konsequenz der Untaten einzelner Frevler verstanden werden. Sloterdjik analysiert: ,Die Grundoperation der prophetischen Unglücksdeutung: die Zurückführung des manifesten jüdischen Elends in politischen Bedrängungszeiten auf den Straf- und Läuterungszorn Jahwes, musste jedoch vorhersehbarerweise früher oder später an die Grenzen ihrer Leistungsfähigkeit stossen.'[41] Ein neues Verständnis über den Lauf der Welt und dem Handeln der Gottheit habe sich aufgedrängt. ,Zur Zeit der seleukidischen Herrschaft über Israel wurde die Unzulänglichkeit der prophetischen, moralistisch-autoaggressiven Unglücksverarbeitung so offenkundig, dass unvermeidlich nach neuen Wendungen im Umgang mit dem bedrängenden Elend gesucht werden musste. Die erste bestand in der Entwicklung einer massiven militärischen Résistance, die an den Namen der Makkabäer geknüpft ist (...), die zweite in der Hervorbringung eines radikal neuen Schemas zur Auslegung der Weltgeschichte, für das man bis heute den Begriff Apokalyptik einsetzt. (...) Seit jener Achsenzeit der Dissidenz verfügen die Zornigen über die epochale Alternative zwischen (...) dem säkulären antiimperialen Aufstand und der religiösen oder parareligiösen Hoffnung auf den Gesamtuntergang der Systeme.[42]

Sloterdjik erkennt in der vorchristlichen Apokalyptik drei wesentliche Punkte:

1. Der Zorn der Gottheit beziehe sich nicht mehr auf das Fehlverhalten des Bundesvolkes.
2. Der Zorn der Gottheit werde den irdischen Mächten übertragen, die gegeneinander rasen bis Welt- und Selbstvernichtung vollständig ineinander fallen.
3. Es entstehe die Vorstellung eines Kampfes von Engeln und Dämonen[43]

Mit dem dritten Punkt sei das Auftauchen einer metaphysischen widergöttlichen Macht verbunden. Solterdjik bemerkt, ,dass die Geburt des Teufels aus dem Geist der apokalyptischen Dämonenkämpfe für die künftige Geschichte der Zornagenturen

[41] Sloterdjik S. 141

[42] Vgl. ebenda S. 143 Vorgreifend erwähnt Sloterdjik an dieser Stelle einen dritten Weg, den die Moderne anbietet: den der reformistischen, auf mittlere Zeitspannen ausgelegten Überwindung historisch gewachsener Missstände durch die Anwendung liberal-demokratischer Strukturen.

[43] Vgl.ebenda S. 144

entscheidend werden sollte.'[44] Dies nicht zuletzt deshalb, weil die Welt nun unter der Herrschaft Bösen gedacht würde. Die thymotischen Regungen Gottes würden grösstenteils abgespalten und auf diese Gestalt (Satan Luzifer, Diabolus etc.), übertragen. Damit komme es zu einer ‚Diabolisierung des Thymotischen' und einer Entrückung Gottes in die lauteren Sphären von Licht und Liebe.[45] Das Verhältnis von Gott und Teufel würde durch die Dialektik von Unterordnung und Aufruhr bestimmt. Es entstünde eine Gegenwelt des Bösen. Seither sei das Verhältnis zwischen Gott und seinen Widersachern durch die Dialektik von Unterordnung und Aufruhr bestimmt.[46]

Damit wird also das Böse als umstürzlerische Kraft bestimmt. Der Fürst der Welt empört sich gegen den Repräsentanten der gerechten Ordnung. Die Mächtigen der Welt werden als Verbündete Satans im Aufstand gegen Gott erkannt, was eine Umkehrung der realen Verhältnisse bedeutet. Die Unterdrücker werden zu Rebellen und die Unterdrückten zum Gefolge der einzig legitimen Macht, deren Sieg sie ersehnen. Die Offenbarung des Zornes der allmächtigen Gottheit ist ihre Hoffnung, weil sich darin ihre Liebe und Gerechtigkeit erweist.

Es ist wohl richtig, dem apokalyptischen Denken eine Situation der Ohnmacht und Hoffnungslosigkeit zu unterstellen. Sloterdjk schreibt: ‚Apokalyptik ist die religiöse Form der Weltpreisgabe, wie sie allein in einer Lage entstehen konnte, in der sich die Einzelnen und Gruppen nur als ohnmächtige Zuschauer von Machtkämpfen zwischen überlegenen Gewalten empfanden. (...) Nachdem der Gläubige seine affektiven Einlagen aus der Welt zurückgezogen hat, überlässt er sie ihrem vermeintlich unaufhaltsamen Lauf – dem nahe bevorstehenden Ende entgegen.'[47]

Dass aus dieser Situation das rettende ‚Ende der Welt' mit aller Sehnsucht herbeigewünscht wird, versteht sich von selbst. Und eifrig werden dann die Indizien gesammelt, die den nahen Untergang belegen. Doch was, wenn das Ende sich verzögert?

Unter Theologen/innen ist das Problem unter dem Stichwort ‚Parusieverzögerung' bekannt. Sloterdjik bringt dem christlichen Lösungsvorschlag offenbar eine gewisse Bewunderung entgegen. Er schreibt: ‚Dürfte man bei Figuren der heiligen Geschichte Kategorien wie Originalität verwenden, sie wäre jener jesuanischen Neuerung

[44] Ebenda
[45] Dass die Vorstellung einer gegengöttlichen Macht für den Monotheismus ein Problem darstellt, ist offenkundig. Doch darauf soll hier nicht weiter eingegangen werden.
[46] Vgl. Sloterdjik S. 145
[47] Sloterdjik S. 147

zuzusprechen, aufgrund welcher es zu einer geistvollen Umdatierung und Neuadressierung des Gottesreiches kam.'[48]Damit meint er die Figur der ‚präsentischen Eschatologie', den Glaubenssatz, dass das Reich Gottes, die Gottesherrschaft, bereits mit der Inkarnation, der Menschwerdung Jesu Christi, begonnen hat. Die Durchsetzung der Gottesherrschaft gilt im Himmel als bereits vollbracht und wird auf Erden als fortschreitender Prozess begriffen. Sie ist als Realisierung des Gotteswillens in Momenten und Teilen von Kirche und Welt ‚schon' erfahrbar und präsent, doch ihre Entfaltung ist ‚noch nicht' vollendet. Das äussert sich in der Erfahrung der Gottesferne.[49] Sloterdjik bringt es in zwei Sätzen auf den Nenner: „Die neue Welt hat sich bereits in der alten Raum verschafft." und „Die künftige Welt ist in der aktuellen schon gegenwärtig."[50] Er nennt diese Figur ‚adventischer Präsentismus" und misst ihr eine grosse Bedeutung zu: „Infolge der Verbindung präsentischer mit adventischen Motiven verschränken sich Anwesenheit und Ferne, Gegenwart und Zukunft auf unabsehbar folgenreiche Weise miteinander. Seither darf man sagen, ist der Gang der Dinge im Einflussbereich dieser Vorstellungen von der Zeitgestalt des adventistischen Präsentismus geprägt. Nichts kommt, was nicht in gewisser Weise schon da wäre. Nichts ist da, was nicht in gewisser Weise erst käme."[51]

Dieser ‚postapokalyptische Kompromiss mit dem Bestehenden'[52] habe nach Sloterdjik allerdings seinen Preis, der vor allem in ‚einer alles durchdringenden Entwertung' des ‚saeculums', der ‚Welt', bestehe. ‚Damit Gott bei der kirchlichen Gegenwelt in sein Eigentum gelangen konnte, musste die primäre Welt einem jetzt für sie zuständigen Dämon überlassen werden.'[53] Ausserhalb des Reiches Gottes regiert nun also der Teufel als der Fürst der Welt. Dieses Verhältnis von Welt und Reich Gottes ist nur als Konflikt denkbar. Ein Konflikt, dessen Ausgang bereits bekannt ist. In der Offenbarung des Johannes lesen wir: ‚Und der Teufel, der sie verführte, wurde in den See des Feuers und Schwefels geworfen, wo auch das Tier und die falschen Propheten sind, und sie werden gepeinigt werden Tag und Nacht in

---

[48] Ebenda S. 150
[49] Die Figur des „schon" und „noch nicht" findet sich auch bei Paulus im Taufverständnis des Paulus Rö. 6 1-11. „Wir sind also durch die Taufe auf seinen (Christi) Tod mit ihm begraben worden, damit, wie Christus durch die Herrlichkeit des Vaters von den Toten auferweckt worden ist, so auch wir in einem neuen Leben wandeln. (Präs.) Denn wenn wir mit der Ähnlichkeit seines Todes verwachsen sind, so werden wir es auch mit seiner Auferstehung sein. (Fut.) Rö.6.5f
[50] Sloterdjik S. 150
[51] Ebenda S. 150
[52] Vgl. ebenda S. 148
[53] Ebenda S. 151

alle Ewigkeit.'[54] Doch nicht nur dem Satan und seiner Entourage droht die ewige Schmach und Pein. Johannes schreibt weiter: ‚Und ich sah die Toten, die grossen und die kleinen, vor dem Throne stehen, und es wurden Bücher geöffnet (...) und sie wurden gerichtet, jeder nach seinen Werken. Und wenn jemand nicht im Buch des Lebens verzeichnet war, so wurde er in den Feuersee geworfen.[55]

‚Denn es offenbart sich der Zorn Gottes vom Himmel her über alle Gottlosigkeit und Ungerechtigkeit der Menschen, die die Wahrheit in Ungerechtigkeit aufhalten.'[56] Mit diesem Paukenschlag eröffnet Paulus sein wohl gewichtigstes theologisches Traktat im Brief an die Römer. Aus einer ‚metatheologischen Perspektive' erkennt Sloterdjik in diesem christianisierten Gotteszorn ‚funktionsanalytisch' eine transzendente Bank zur Deponierung aufgeschobener menschlicher thymotischer Impulse und zurückgestellter Racheprojekte.[57]

‚Mein ist die Rache und die Vergeltung' , spricht die Gottheit.[58] Der Verzicht auf Rache geschieht also sowohl im Eintausch gegen die Gewissheit, dass Gott das Unrecht ahnden wird, als auch aus Furcht vor dem Gericht am Jüngsten Tag. Die Realität der Hölle ist für einen solchen Handel natürlich genauso unentbehrlich, wie das Wissen um und die Gewissheit über ihre Existenz bei den Menschen. Ersteres begründet die (katholische) Theologie und letzteres befestigt die entsprechende Verkündigung. Nicht ohne Spott bemerkt Sloterdjik: ‚Aus dieser Sicht bestehen zwischen der Hölle und dem Gesamtplan der Schöpfung noch engere Beziehungen als die des Banco Ambrosiano zum Vatikan.'[59]

---

[54] Off. 20.10
[55] Vgl. Off. 20.12ff
[56] Rö. 1.18
[57] Vgl. Sloterdjik S. 154 Als reformierter Theologe erinnert man sich daran, dass mit dem Gotteszorn nicht nur ‚thymotische' sondern auch ganz handfeste Geldgeschäfte gemacht wurden. Die Kritik Luthers am Ablassunwesen war ein wesentlicher Auslöser der Reformation.
[58] Dtn 32,35 nach Zürcher Bibel 2007
[59] Sloterdjik S.154

Trugschlüsse

Sloterdjik verwirft die (katholische) Dogmatik vom Zorn Gottes. ‚Da sich das Christentum in seinen frühesten Werbeschriften als Religion der Feindesliebe, der Vergebung, der Racheverzichts und der herzlichen Inklusivität präsentierte, rief der Widerspruch zwischen seiner freundlichen Verkündigung und seiner rasenden Eschatologie schon bald Irritationen hervor.'[60] Sloterdjik teilt diese Irritation und verwirft die dogmatischen Herleitungen des Gotteszorns aus den göttlichen Eigenschaften der Liebe, der Allmacht und der Gerechtigkeit als Pseudoargumente.

Zunächst verweist er darauf, dass die Eigenschaften der Allmacht und der Gerechtigkeit nicht kompatibel seien. Das Argument ist nicht neu. Epikur soll es so formuliert haben:

Warum gibt es all die Übel in der Welt?
Kann Gott sie nicht beseitigen? – Dann ist er nicht allmächtig.
Will Gott sie nicht beseitigen? – Dann ist er nicht gütig.
Kann und will er es? – Warum sind dann Übel da?
Warum beseitigt er sie nicht?
Warum hat er sie nicht längst beseitigt?
Warum hat er es überhaupt dazu kommen lassen,
dass Übel entstehen?[61]

Daneben verweist Sloterdjik auf die biblischen Geschichten. Tatsächlich deckt sich in diesen das Handeln der Gottheit oft nicht mit den menschlichen Vorstellungen von Gerechtigkeit. Sie diskriminiert Kain grundlos, ebenso grundlos liebt sie Jakob und hasst Esau, sie verstock den Pharao, um ihn zu verderben u.v.m. Dies bringt Sloterdjik auf den Nenner: ‚Allmacht meint Unfairness im Absoluten.'[62]

Im Widerspruch zur Gerechtigkeit stehe die Unverhältnismässigkeit der angedrohten Strafen. Aus endlicher Schuld könne niemals unendliche Strafe folgen, wie dies im Gericht des Jüngsten Tages angedroht sei.

Bleibt das Argument der Liebe. Es lautet: Würde Gott die Gottlosen und Ungerechten nicht hassen, könnte er die Gottesfürchtigen und Gerechten nicht

---

[60] Sloterdjik S. 152
[61] Zitiert nach einem Aufsatz von Irene Nickel
http://www.beepworld.de/members42/irenenickelreligionskritik/theodizee_meinung.htm
[62] Sloterdjik S. 156

lieben. Hier bleibt Sloterdjik die Widerlegung m.E. schuldig, indem er die Argumente für diese Behauptung ohne wirkliche Begründung als naiv bezeichnet. Man könne immerhin erwähnen, dass die Gottheit mit ihrem Zorn gegen ihr eigenes Gebot der Feindesliebe verstösst.

Mit einigem rhetorischem Aufwand kommt Sloterdjik in der Frage ‚Warum die Suche nach Gründen für den Zorn Gottes in die Irre geht.' Zum Schluss: ‚Zusammenfassend ist festzuhalten, dass das gesamte Feld der Zorn-Gottes-Thesen – einschliesslich der grausamen eschatologischen Ausmalungen – nur im Lichte einer thymotischen Ökonomie rekonstruierbar ist. Man darf die biblischen und scholastischen Begründungen des zürnenden Gottes ihrer logischen Hoffnungslosigkeit wegen auf sich beruhen lassen. In Wahrheit ist der Titel Gott in diesen Diskursen immer nur als Ortssangabe für das Depot menschlicher Zornersparnisse und gefrorener Rachewünsche zu verstehen.[63]

[63] Zitat: ebenda S. 161 Zum ganzen Abschnitt vgl. ebenda S. 152ff

Schlussfolgerungen

Nachdem Sloterdjk seine anthropologischen Hypothesen dargelegt und den Weg des Thymosmanagements vom Affekt über das individuell limitiert sinnstiftende Racheprojekt zur universell geschichtlichen Sinn erzeugenden Zornesbank anhand der jüdisch-christlichen Tradition skizziert hat, analysiert er aufgrund seiner Erkenntnisse nun die grossen Bewegungen des vergangenen und begonnen Jahrhunderts. Kommunismus, Maoismus, Faschismus und den erstarkten politischen Islam. Diese Analyse nachzuzeichnen würde im Rahmen dieser Arbeit zu weit führen. Sie ist für das Ziel, die Bedeutung des Zorns für den Menschen zu bestimmen und so einem adäquaten Menschenbild für die Praxis der Mediation näher zu kommen, auch nicht notwendig. Einzig Sloterdjiks Diagnose der aktuellen Weltlage soll hier noch erwähnt werden. Sie lautet: ‚Wir sind in eine Ära ohne Zornsammelstellen mit Weltperspektive eingetreten. (...) Die Empörung hat keine Weltidee mehr vorzuweisen.'[64] Damit verbunden ist eine ‚Abkehr vom Primat der Thymotik zugunsten einer Erotisierung ohne Grenzen, wobei man das Wesen der Erotik nicht vom Sonderfall der sexuellen Libido und ihrer ästhetischen Auslöser her verstehen darf, sondern dass es in der Stimulierung von Mangelideen und Insuffizienzgefühlen jeder Art gründet und sich in entsprechenden Aktionen des Haben- und Erreichenwollens artikuliert".[65]

Dennoch, so Sloterdjik, „wäre es abwegig zu behaupten, der Zorn habe seine besten Zeiten hinter sich. Wir haben uns im Gegenteil davon überzeugt, dass der Zorn (zusammen mit seinen thymotischen Geschwistern, dem Stolz, dem Geltungsbedürfnis und dem Ressentiment) eine Grundkraft im Ökosystem der Affekte darstellt, ob interpersonal, politisch oder kulturell".[66] Mit dem thymos ist also zu rechnen. Allerdings unter der Bedingung des bereits eingangs zitierten sloterdjikschen Axioms: In der globalisierten Situation ist keine Politik des Leidensausgleichs im Grossen mehr möglich, die auf dem Nachtragen von vergangenem Unrecht aufbaut.[67] Es geht also um die ‚Erbauung' des Menschen jenseits des Ressentiments, ‚um zukunftsfähigen Paradigmen entgifteter Lebensweisheit Raum zu verschaffen.'[68] Diese Paradigmen sollten nach Sloterdjik auf den von John Locke formulierten Grundrechten auf Leben, Freiheit und

---

[64] Ebenda S. 282f

[65] Vgl. ebenda S. 294

[66] Ebenda S. 352

[67] Ebenda S. 354

[68] ebenda

Eigentum aufgebaut sein. Um von diesen Grundrechten einen gedeihlichen Gebrauch zu machen, empfiehlt er eine Orientierung am ‚hygienischen Programm' Nietzsches. Das Ressentiment, die toxische Figur der ‚rachsüchtigen Demut' gelte es durch eine Intelligenz zu überwinden, die sich ihrer thymotischen Motive neu vergewissert. Eine Ambitionskultur, die eine Meritokratie hervorbringe, welche eine antiautoritär entspannte Moral mit ausgeprägtem Normenbewusstsein und Respekt vor unveräusserlichen Personenrechten verbinde.[69] Ein tugendhaftes Streben nach Anerkennung solle zu einer Ökonomie der Generosität führen, die letztlich in die Geste der freiwilligen Gabe münde, die keine Kreditgewährung bedeute und keine bestimmte Verpflichtung des Empfängers beinhalte.'[70] So verstehe ich Slterdjiks Sätze: ‚Das Abenteuer der Moral vollzieht sich durch das Parallelprogramm der elitären und egalitären Kräfte. Allein in diesem Rahmen sei der Akzentwechsel von Aneignungstrieben auf gebende Tugenden denkbar.[71]

Sloterdjik setzt auf ein Bildungsprogramm zur Schaffung eines ‚code of conduct', über den die Kraft – Kraft Beziehungen im Gleichgewicht gehalten werden.[72] Eine Zentralgewalt, die global Recht und Sicherheit garantieren könnte, hält er für illusorisch, da man ‚ein Universum aus energischen, thymotisch irritierbaren Akteuren nicht durch ideale Synthesen von oben integrieren kann.' Grosse Politik geschieht allein im Modus von Balanceübungen. Balance üben heisst, keinem notwendigen Kampf ausweichen, keinen überflüssigen provozieren.'[73]

Für die Bewältigung der politischen und ökologischen Herausforderungen ist nach Sloterdjik vor allem die Fähigkeit, ‚sich immer mit den Augen der anderen sehen zu lernen', zentral. Nur sie kann die maligne Naivität stoppen, indem sie den Geltungswillen mit Selbstrelativierung verbindet. Diese Kunst muss geübt werden. So kommt Sloterdjik zum Schluss: ‚Bei günstigem Verlauf der Übungen könnte sie ein Set von interkulturell verbindlichen Disziplinen herausbilden, den man dann erstmals zu Recht mit einem Ausdruck bezeichnen dürfte, der bisher stets voreilig verwendet wurde: Weltkultur'.[74]

---

[69] Vgl. Sloterdjik S. 355
[70] Vgl. ebenda S. 53 vgl. auch: Dtn. 15, 11; Jes. 58, 7; Joh. 12, 3 - 8; Heb. 13, 5. 16
[71] Vgl. ebenda S. 355
[72] M. Foucault analysiert die Macht nicht als ein Verhältnis von Zentrum und Peripherie, Souverän und Untertan, sondern unter dem Aspekt der ‚Beziehung unter Partnern. Von daher fordert er eine ‚neue Ökonomie der Machtbeziehungen. Vgl. Foucault ‚Analytik der Macht' S. 252/242
[73] Sloterdjik S. 355
[74] Vgl. Ebenda S.355f

Der neue Mensch

Sloterdjik stellt den 'thymos' ins Zentrum seiner Anthropologie. D.h. er versteht ihn von seiner Würde her. Das befreit den Menschen aus der Reduktion auf ein bedürftiges, mit einer reinen Krämervernunft begabtes Mangelwesen. Der thymotische Mensch strebt nach Ehre, verlangt Respekt, will Anerkennung. Hier gerät er auch in Konflikt. Der stolze Mensch kann in seiner Ehre verletzt werden.

Der thymotische Mensch strebt nach Gerechtigkeit, wobei Gerechtigkeit weniger als eine Frage der Verteilung von Ressourcen, denn als eine Frage gerechter Beziehungsdefinitionen gesehen wird. So ist denn auch ‚Gerechtigkeit' das Motiv der Rache. Das Beziehungsgleichgewicht soll über Schadensausgleich wieder hergestellt werden. Rache bringt keinen Nutzen im ökonomischen Sinn. Im Gegenteil, die Kosten der Rache können enorm hoch sein. Doch es geht der Rache darum, den erregten 'thymos' zu beruhigen, ins Gleichgewicht zu bringen. Es geht ihr nicht um Interessen im ökonomischen Sinn, nicht um Nutzen und Gewinn, sondern um Ausgleich der erlittenen Verletzungen. Die Forderungen der Rache orientieren sich nicht am Gewinn für die Zukunft, sondern am Schaden in der Vergangenheit. Über diesen wird die Kompensation definiert, die die Gerechtigkeit wieder herstellen soll. Kurz es geht um Genugtuung.

Es gehört zu den Eigentümlichkeiten des Zorns, dass er sich offenbar nicht zwingend gegen den Verursacher der thymotischen Verletzung richten muss. Sloterdjik zitiert die Geschichte von Kain und Abel. Ich habe bereits auf den Aspekt der Verschiebung von Kains Zorn, der ja der willkürlich diskriminierenden Gottheit gelten sollte, auf Abel verwiesen. Ist der Verursacher des Zorns nicht identifizierbar, nicht auffindbar, oder nicht angreifbar, so kann der Zorn auf ein anderes Ziel gerichtet werden.[75] Diese Eigenschaften des Zorns bleiben in seinen Projektformen erhalten.

Eine Eigenschaft der Rache ist es, dass man sie delegieren kann. Die Rache kann einer anderen Person oder Institution übertragen werden. Erst diese Eigenschaften des Zorns und der Rache ermöglichen die von Sloterdjik beschriebenen manipulativen Zorngeschäfte.

Verschiebung und Delegation erlauben andererseits aber auch eine Eindämmung der Rache innerhalb einer Gemeinschaft durch Ablenkung der Rache auf äussere

[75] Im Allgemeinen bezeichnet man diesen Ersatz als Sündenbock. Doch mit dem Sündenbockritual (vgl. Lev. 16) sollen am Versöhnungstag die Sünden des Volkes gesühnt werden. Es ist also nicht so, dass man an diesem Bock Rache nimmt, für Unrecht, das andere einem angetan haben.

Feinde, die auch in der Transzendez angesiedelt werden können einerseits und den Verzicht auf persönliche Rache durch ihre Übertragung an die Institutionen von Recht und Gesetz und an die Gottheit andererseits. Wenn die Gottheit sagt: ‚Mein ist die Rache und die Vergeltung.'[76] dann liegt die Betonung auf ‚mein'. Ich werde für gerechte Vergeltung sorgen, ihr sollt euch nicht rächen.

Die Eindämmung der persönlichen Rache, der weitgehende Verzicht auf Blutrache, ist eine Kulturleistung, die kaum hoch genug geschätzt werden kann. Man darf vermuten, dass die Idee der rächenden Gottheit und die Idee des Gerichts am Jüngsten Tag einiges dazu beigetragen haben, diesen Fortschritt einzuleiten und zu verankern. Die Kosten dieser Lösung, die von Sloterdjik diagnostizierte ‚hohe Ressentimentspannung' vieler Christen[77] sollte aber nicht leichtfertig übergangen werden.

Sloterdjiks von Nietzsche inspirierte Analyse des ‚christlichen Ressentiments' ist nicht einfach falsch, aber einseitig. Wer sucht, kann für die Figur der ‚rachsüchtigen Demut'[78] inner- aber auch ausserhalb der christlichen Gemeinschaften sicher Belege finden. Für falsch halte ich aber die Ansicht, dass jede sachgerechte und redliche Auslegung der Bibel zu Aussagen führen müsse, die diese Figur erzeuge. Sloterdjiks Suche nach einer Widerlegung der Gründe für den Zorn Gottes[79] führt zu Kurzschlüssen. Anhand der Geschichte Hiobs werde ich versuchen, andere Zugänge darzustellen.

Unbedingt zuzustimmen ist hingegen Sloterdjiks Axiom: In der globalisierten Situation ist keine Politik des Leidensausgleichs im Grossen mehr möglich, die auf dem Nachtragen von vergangenem Unrecht aufbaut. Genauso der entsprechenden Forderung nach der psychologisch unwahrscheinlichen, obschon moralisch unverzichtbaren Geste des Verzeihens.

Die Spannung zwischen psychologisch unwahrscheinlich und moralisch unverzichtbar ist gross. Sie stellt uns vor die zwingende Aufgabe, das Unwahrscheinliche realisierbar zu machen, wenn wir der in den Bereich ernstzunehmender Wahrscheinlichkeit geratenen Möglichkeit globaler humaner Selbstzerstörung etwas entgegensetzen wollen. Sloterdjiks Analysen laufen darauf hinaus, dass die alten Strategien im Umgang mit den potentiell gefährlichen und

---

[76] Dtn. 32.35
[77] Vgl. Sloterdjik S. 162
[78] Ebenda S. 354
[79] Ebenda S. 152

zerstörerischen Aspekten des 'thymos' nicht mehr genügen. Gefragt ist aber nicht die Entwicklung neuer Strategien, sondern die Bildung eines ‚neuen Menschen'. Man könnte Sloterdjiks Vision des Menschen, der mit vorwärtsweisenden, stiftenden, gebenden und überschiessenden Gesten fähig ist, die belastende Vergangenheit loszulassen, das Ressentiment zu überwinden und ohne irgendwo irgendetwas nachzutragen, aus tiefstem Herzen vergeben kann, als Beschreibung des neuen Menschen in Christo betrachten.[80]

Sloterdjik zeigt eloquent und scharfsinnig, über welche Mechanismen der Zorn Weltgeschichte machte. Die Einführung des ,'thymos'' als eigenständige, geschichtsmächtige Grösse, mag die Analyse des Bestehenden vereinfachen, doch auf die Frage, wie aus dem alten Menschen ein Neuer werden soll, gibt sie keine Antwort. Wie soll der in seiner Würde und Ehre oft zutiefst verletzte Mensch mit seinem Zorn umgehen? Wie soll er sich erbauen, dass er unter all den Stolzen und Grosszügigen, die ihm in Sloterdjiks neuer Welt begegnen, nicht einfach nur das Gesicht wahren muss und davon überanstrengt wieder, ja umso mehr, dem Ressentiment verfällt? Was soll den Menschen dazu führen, die rechte Balance zu finden, wie kann er seinen Geltungswillen mit Selbstrelativierung verbinden, sich ins rechte Verhältnis bringen?[81]

Für den Theologen geht es dabei um die Frage der rechten Predigt. Der Glaube kommt aus der Predigt, formuliert Paulus.[82] Ein Satz der Allgemeingültigkeit beanspruchen kann, wenn man unter Glaube das grundlegende Selbstverständnis des Menschen und unter Predigt die Angebote, die ihm zur Herstellung dieses Selbstverständnisses gemacht werden, versteht. Dass aus der Auslegung der biblischen Schriften ein solches zukunftweisendes Angebot gewonnen werden kann, davon bin ich überzeugt.

---

[80] Vgl. ebenda S. 53 und 2. Kor. 5.17. Man ist versucht zu sagen, auch Sloterdjik hat mit Parusieverzögerungen zu rechnen!
[81] Vgl ebenda S. 355
[82] Rö. 10.17

Der Mensch im Streit mit der Gottheit

Auf der Suche nach einer guten Botschaft

Die Bibel ist selten dogmatisch. Zwar findet sich auf die Frage: ‚Was ist doch der Mensch, dass du seiner gedenkst und des Menschen Kind, dass du dich seiner annimmst?' die lehrhafte Antwort: ‚Du machtest ihn wenig geringer als Engel, mit Ehre und Hoheit kröntest du ihn.'[83] Doch im Allgemeinen verkündet die Bibel keine Dogmen, sondern erzählt Geschichten, die für Deutungen offen sind.[84] Diese Deutung geschieht in Form der kirchlichen Verkündigung allerdings unter der Massgabe des Titels ‚Evangelium'. Die Frage, die an die Geschichten der Bibel also gestellt werden muss, inwiefern sie eine ‚gute Botschaft' für die suchende und fragende Gemeinschaft und den einzelnen Menschen enthält.

Wir haben gesehen, dass der Rückgriff auf die Geschichte von Kain und Abel grundlegende Elemente einer verhängnisvollen Entfaltung des 'thymos' sichtbar machte. Insbesondere die Verschiebung des Affekts vom Verursacher, die Gottheit, auf den schuldlos zufällig begünstigten Abel erscheint als zentrales Moment des Verhängnisses. Daher drängt es sich auf, eine ‚Gegengeschichte' zu Rate zu ziehen, die von einem Mann berichtet, der seinen Zorn gleichsam an die richtige Adresse richtet und Gott zur Rechenschaft herausfordert. Von diesem Mann wird im Buch Hiob berichtet.

Das Buch Hiob findet sich im Alten Testament. Es wird mit den Büchern Kohelet (Prediger) und den Buch der Sprichwörter (Sprüche, Spruchweisheit) zur biblischen Weisheitsliteratur gezählt. Der Name Hiob bedeutet wahrscheinlich ‚Wo ist der Vater (Gott)?' Er kann aber auch als ‚der Anfeinder' oder ‚der Angefeindete' gedeutet werden.[85] Die Erzählung stellt Hiob als einen sehr reichen, schuldlosen und gottesfürchtigen Menschen dar, der trotz seiner Treue zum Gesetz von Gott mit schrecklichen Leiden geschlagen wird. Die Frage lautet: Wie kann es sein, dass der gerechte Gott guten Menschen Böses widerfahren lässt?

---

[83] Ps. 8.5f

[84] Als theologischer Mitarbeiter der Landeskirche Zürich und ordinierter Pfarrer bin ich in der Auslegung der Schrift keinem Bekenntnis verpflichtet. Es gilt die Kirchenordnung der Zürcher Landeskirche Art. 4:
«Die Landeskirche ist mit ihren Gliedern allein auf das Evangelium von Jesus Christus verpflichtet. Er ist einziger Ursprung und Herr ihres Glaubens, Lehrens und Lebens. Die Landeskirche bekennt dieses Evangelium in Gemeinschaft mit der gesamten christlichen Kirche aller Zeiten.»

[85] Vgl. Zürcher Bibel 2007 S. 669

Der größere Teil des Buches Hiob besteht aus einer Reihe von in Versform formulierten Reden Hiobs, seiner Freunde und der Gottheit. Diese Reden sind gerahmt von einer knappen, in Prosa verfassten Erzählung (Hiob 1-2 und 42). Allgemein nimmt man an, dass sie von unterschiedlichen Verfassern stammen. Es ist wahrscheinlich, dass der Dichter des poetischen Streitgespräches die Prosaerzählung vorgefunden und sie zum Anlass für sein eigenes Werk genommen hat, das er in die ältere Erzählung einfügte. Die so entstandene Grundgestalt des Textes entstand vermutlich im 4. Jahrhundert v. Chr. in Judäa. Doch sowohl die Prosaerzählung als auch die Versdichtung werden von vielen nicht als Einheit betrachtet. In der Rahmenerzählung (Hiob 1; 2; 42) sind möglicherweise ältere Stoffe aufgenommen worden. Einige mehr oder weniger umfangreiche Abschnitte, wie das Gedicht über die Weisheit in Hiob 28 oder die Reden des Elihu in Hiob 32-37 sind wohl erst später im 3. oder 2. Jahrhundert v. Chr. eingefügt worden.[86]

[86] Ebenda S. 270

Der Grund der Gottesfurcht

Die Ausgangslage der Erzählung wird im Prolog, Hiob 1-2, geschildert:

Eines Tages aber kamen die Götter, um vor den HERRN zu treten,
und auch der Satan kam mit ihnen.
Da sprach der HERR zum Satan:
Woher kommst du?
Und der Satan antwortete dem HERRN und sprach:
,Ich habe die Erde durchstreift und bin auf ihr hin und her gezogen.'
Und der HERR sprach zum Satan:
,Hast du auf meinen Diener Hiob geachtet? Auf Erden ist keiner wie er: Er ist schuldlos und aufrecht, er fürchtet Gott und meidet das Böse.'
Der Satan aber antwortete dem HERRN und sprach:
,Ist Hiob ohne Grund gottesfürchtig? Hast du nicht ihn und sein Haus und alles, was er hat, ringsum beschützt? Das Werk seiner Hände hast du gesegnet, und seine Herden haben sich im Lande ausgebreitet. Doch strecke deine Hand aus und taste seine ganze Habe an - wenn er dich dann nicht ins Angesicht lästert!'
Da sprach der HERR zum Satan:
,Sieh, alles, was er hat, ist in deiner Hand. Nur gegen ihn selbst strecke deine Hand nicht aus! Da entfernte sich der Satan vorn Angesicht des HERRN.'[87]

Auf Betreiben Satans wird so der vermögende und fromme Hiob ins Unglück gestürzt und verliert sein Hab und Gut und seine Söhne und Töchter.
Doch dieser lässt sich dadurch in seinem Glauben nicht beirren.
Er liess sich zur Erde sinken und warf sich nieder und sprach:

,Nackt bin ich gekommen aus dem Leib meiner Mutter,
und nackt gehe ich wieder dahin.
Der Herr hat gegeben, der Herr hat genommen,
der Name des Herrn sei gepriesen.'
Bei alledem sündigte Hiob nicht, und sagte nichts Törichtes gegen Gott.[88]
Doch der Satan gibt sich noch nicht geschlagen:

[87] Hiob 1.6-12 Alle biblischen Zitate zu Hiob aus Zürcher Bibel 2007
[88] Hiob 1. 21f

Eines Tages aber kamen die Götter, um vor den HERRN zu treten,
und auch der Satan kam mit ihnen, um vor den HERRN zu treten.
Da sprach der HERR zum Satan:
Woher kommst du?
Und der Satan antwortete dem HERRN und sprach:
Ich habe die Erde durchstreift und bin auf ihr hin und her gezogen.
Und der HERR sprach zum Satan:
Hast du auf meinen Diener Hiob geachtet? Auf Erden ist keiner wie er: Er ist schuldlos und aufrecht, er fürchtet Gott und meidet das Böse. Und noch immer hält er sich schuldlos, du aber hast mich gegen ihn aufgereizt, ihn ohne Grund zu verderben.
Und der Satan antwortete dem HERRN und sprach:
Haut für Haut! Alles, was der Mensch hat, gibt er hin für sein Leben. Doch strecke deine Hand aus und taste sein Gebein an und sein Fleisch –
wenn er dich dann nicht ins Angesicht lästert!
Da sprach der HERR zum Satan:
Sieh, er ist in deiner Hand. Nur lass ihn am Leben!
Da entfernte sich der Satan vom Angesicht des HERRN und schlug Hiob mit bösen Geschwüren von der Sohle bis zum Scheitel.
Und er nahm sich eine Scherbe, um sich damit zu schaben, und er sass in der Asche.
Da sprach seine Frau zu ihm:
Willst du auch jetzt noch schuldlos bleiben? Lästere Gott und stirb!
Er aber sprach zu ihr:
Wie eine Törin redet, so redest du. Das Gute nehmen wir an von Gott, und das Böse sollten wir nicht annehmen?
Bei alldem sündigte Hiob nicht mit seinen Lippen.[89]

In dieser elenden Situation wird Hiob von drei Freunden besucht. Elifas von Teman, Bildad von Schuach und Zofar von Naama. Nachdem sie sich sieben Tage und Nächte schweigend zu ihm gesetzt hatten, beginnt ein Disput, der mit einer Klage Hiobs eingeleitet wird. Hiob wünscht sich nicht geboren zu sein, so gross ist sein

---

[89] Hiob 2.1-9

Schmerz und sein Elend. ‚Warum dufte ich nicht umkommen im Mutterschoss, aus dem Mutterschoss kommen und sterben?'[90]

Darauf entgegnet ihm Elifas, höflich und indirekt deutet er das Thema an, das immer mehr zum Zentrum der Auseinandersetzung werden wird. ‚Bedenke: Wann ist je ein Schuldloser umgekommen, und wo wurden Aufrechte je vernichtet?'[91]

Es geht um die Gerechtigkeit der Gottheit, die jedem nach seinem Tun vergilt. Dass es einen strikten Zusammenhang gibt zwischen Tun und Ergehen ist das Kernstück der 'alten Weisheit', wie sie uns etwa im ersten Psalm begegnet.

Wohl dem, der nicht dem Rat der Frevler folgt
und nicht auf den Weg der Sünder tritt.
noch sitzt im Kreis der Spötter,
sondern seine Lust hat an der Weisung des HERRN
und sinnt über seiner Weisung Tag und Nacht.
Der ist wie ein Baum.
an Wasserbächen gepflanzt:
Er bringt seine Frucht zu seiner Zeit,
und seine Blätter welken nicht.
Alles, was er tut, gerät ihm wohl.
Nicht so die Frevler;
sie sind wie Spreu
die der Wind verweht.
Darum werden die Frevler nicht bestehen im Gericht.
noch die Sünder in der Gemeinde der Gerechten.
Denn der HERR kennt den Weg der Gerechten.
der Weg der Frevler aber vergeht.[92]

Allmacht, Allwissenheit und Gerechtigkeit der Gottheit sind die notwendigen Bedingungen, die diesen Zusammenhang von Tun und Ergehen garantieren. Darum gilt: ‚Der Anfang der Weisheit ist die Furcht des Herrn.'[93] Ich werde diese Weisheit,

---

[90] Hiob 3.11
[91] Hiob 4.7
[92] Psalm 1
[93] Psalm 111.10

deren Grundlage der strikte Zusammenhang von Tun und Ergehen ist, im Weiteren die ‚alte Weisheit' nennen.

Genau dieser Tun-Ergehen-Zusammenhang, diese ‚alte Weisheit' wird vom Frevler bestritten: ‚Hochmütig wähnt der Frevler: ‚Er greift nicht ein, es ist kein Gott.'[94] Oder: ‚Er spricht in seinem Herzen: Gott hat es vergessen, er hat sein Angesicht verborgen, er sieht es nimmermehr."[95] Oder: sie sagen: „Wie sollte Gott es wissen, gibt es ein Wissen beim Höchsten?"[96]

Wer die Allwissenheit Gottes bestreitet, bestreitet seine Gerechtigkeit. Ein vergesslicher Gott ist willkürlich, einer der nicht hinsieht, kann nicht gerecht urteilen. Einen Gott, der nicht eingreift, ist von einem Gott, den es nicht gibt, nicht zu unterscheiden. Alles läuft darauf hinaus, dass es einen Zusammenhang von Tun und Ergehen nicht gibt. Daraus ziehen die Frevler üble Konsequenzen: ‚Sie geifern, reden frech daher, es brüsten sich alle Übeltäter. Dein Volk, Herr, zermalmen sie, und dein Erbe bedrücken sie. Witwe und Fremdling töten sie, und sie ermorden die Waisen, und sie sagen: Der Herr sieht es nicht, der Gott Jakobs merkt es nicht.'[97]

Es steht also viel auf dem Spiel in dieser Debatte der Freunde mit Hiob. Die Gewissheit des Gerechten, dass das böse Tun der Frevler und Spötter von der Gottheit geahndet wird, hat andererseits zur Konsequenz, dass das Elend Hiobs nicht unverschuldet sein kann. ‚Bedenke: Wann ist je ein Schuldloser umgekommen, und wo wurden Aufrechte je vernichtet?' Die Bemerkung Elifas' zielt darauf ab, Hiob zur Einsicht zu bringen, dass er eine Schuld auf sich geladen habe. Entsprechend gibt er ihm den Rat: ‚Ich würde mich an Gott wenden und meine Sache vor Gott bringen.'[98] Und weiter: ‚Wohl dem Menschen, den Gott zurechtweist. So verachte die Zucht Schaddais[99] nicht! Er verletzt, und er verbindet, er schlägt Wunden, und seine Hände heilen.'[100] Elifas sieht also Hiobs Leiden als Konsequenz einer erzieherischen Massnahme der Gottheit, als ein Mittel, das ihn zur Einsicht bringen soll. Es ist eine Aufforderung zu Bekenntnis, Umkehr und Reue. Daraus wird sich gewiss die Heilung ergeben. In Psalm 32 lesen wir:

---

[94] Psalm 10.4
[95] Psalm 10.11
[96] Psalm 73.11
[97] Psalm 94.4-7
[98] Hiob 4.8
[99] (El) Schaddai: Gottesbezeichnung, die im Alten Testament 48-mal vorkommt. Es ist auch der Name unter dem sich die Gottheit Abraham offenbart. Vgl. Zürcher Bibel, Glossar S. 118
[100] Hiob 4.17f

‚Denn schwer lag deine Hand auf mir Tag und Nacht,
verdorrt war meine Lebenskraft in der Sommerglut.
Meine Sünden habe ich dir gestanden
und meine Schuld nicht verborgen.
Ich sprach: Bekennen will ich dem Herrn meine Missetaten.
Und du vergabst mir die Schuld meiner Sünden.'[101]

Elifas empfiehlt also einen therapeutischen Weg, der über die Einsicht in die eigene Fehlhaltung zu einer Neuorientierung als Voraussetzung für die Genesung führt. Doch Hiob reagiert mit Abwehr. Er beharrt auf seiner Unschuld und sieht keinen Grund zu Umkehr und Reue. Trotzig fordert er: ‚Belehrt mich, und ich will schweigen, und erklärt mir, wo ich mich verging.'[102] Und für den Fall, dass er ohne Wissen und Absicht schuldig geworden wäre, so klagt er gegen Gott: ‚Was ist der Mensch, dass du ihn so wichtig nimmst, und auf ihn achtest, dass du ihn jeden Morgen prüfst, ihn jeden Augenblick erprobst? (...) Wenn ich gesündigt habe, was schadet es dir, du Hüter der Menschen? (...) Und warum vergibst du nicht mein Vergehen und verzeihst nicht meine Schuld?'[103]

‚Verdreht denn Gott das Recht, und Schaddai, verdreht er die Gerechtigkeit? Und er empfiehlt: ‚Wenn du Gott suchst und Schaddai um Gnade anflehst, (...) stellt er deine Wohnstatt wieder her, wie es dir zusteht.'[104]

So antwortet Bildad und fordert Demut. Doch damit trifft er offenbar genau den Punkt, an dem sich Hiobs Widerstand entzündet. Hiob will keine Gnade, er will sein Recht. Darum antwortet er: ‚Gewiss, ich weiss, so ist es, und wie könnte ein Mensch im Recht sein vor Gott?'[105] Der allmächtige Gott, Schöpfer von Himmel und Erde, wie könnte man ihn zur Rechenschaft ziehen? ‚Rafft er hinweg, wer kann ihn hindern, wer darf zu ihn sagen: Was tust du da?'[106] Das hat für Hiob die unerträgliche Konsequenz: ‚Auch wenn ich im Recht bin, kann ich nicht antworten, zu meinem Richter muss ich um Gnade flehen. Riefe ich und gäbe er mir Antwort,

[101] Psalm 32.4f
[102] Hiob 6.24
[103] Hiob 7.17ff
[104] Hiob 8.1ff
[105] Hiob 9.2
[106] Hiob 9.12

ich glaube nicht, dass er wirklich auf mich hörte.'[107] Das soloterdjiksche Diktum: ‚Allmacht meint Unfairness im Absoluten.'[108] lautet bei Hiob in Bezug auf die Gottheit: ‚Sucht man die Kraft eines Starken: Seht, da ist er! Doch sucht man das Recht: Wer lädt ihn vor?'[109]

Es geht um Hiobs Ehre. Diese Ehre ist gekoppelt an sein Recht und seine Unschuld. Für diese Ehre ist Hiob bereit sein Leben hinzugeben. So fordert er den vernichtenden Zorn der Gottheit heraus und sagt: ‚Schuldlos bin ich, er aber hat mich schuldig gesprochen. Schuldlos bin ich! Ich sorge mich nicht, ich verachte mein Leben. Es ist alles eins! Den Schuldlosen wie den Schuldigen bringt er um.'[110]
Nicht der Verlust von Hab und Gut, nicht der Verlust der Gesundheit, ja nicht einmal der Verlust des Lebens ist es, den Hiob beklagt. Dies alles wäre hinzunehmen. Doch was ihm unerträglich ist, was seinen Widerstand aufs Äusserste herausfordert, seinen Zorn erregt, ist der Verlust der Würde. Die Freiheit, erhobenen Hauptes durchs Leben zu gehen. Es weiss, dass er Gottes Macht nichts entgegenzusetzen vermag. Doch ohne Würde will er nicht leben.

Doch gerade diese Würde, so argwöhnt Hiob, will Gott ihm nehmen. So sagt er: ‚Wenn ich schuldig wäre, dann wehe mir! Aber auch wenn ich im Recht wäre, dürfte ich mein Haupt nicht erheben, gesättigt mit Schmach und getränkt mit Elend. Sollte es sich doch erheben, würdest du mich jagen wie ein Löwe und wieder unbegreiflich an mir handeln.'[111] Die Gottheit, so vermutet Hiob offenbar, erträgt den stolzen Menschen nicht, der ihr erhobenen Hauptes entgegen tritt. Sie scheint sich an den Demutsgesten reuiger Sünder zu laben, deren Stolz an ihrer Macht zerbrochen ist, die auf Recht und Ehre verzichten und unterwürfig um Gnade betteln. Das ist nun Hiobs Sache nicht.

Die Antwort lässt nicht auf sich warten. Zofar, der dritte Verteidiger von Gottes Recht, trifft den Punkt genau und redet doch an Hiob vorbei. ‚Darfst du spotten, ohne dass dich einer beschämt?'[112] Die Frage zielt auf Hiobs Stolz und Ehre. Und die Argumentation Zofars zielt auf Hiobs Hochmut. Kann der Mensch vor Gott seine Unschuld behaupten. Weiss nicht Gott mehr über den Menschen, als dieser über sich

---

[107] Hiob 9.15f
[108] Sloterdjik S. 156
[109] Hiob 9.19
[110] Hiob 9.20-22
[111] Hiob 10.15f
[112] Hiob 11.3

selber. So argumentiert Zofar: ‚Wenn Gott doch sprechen wollte, (...) dann würdest du erkennen, dass Gott von deiner Schuld noch manches übersieht. (...) Wenn du dein Herz in Ordnung bringst, (...) dann kannst du ohne Makel dein Angesicht erheben, und fest stehst du da und musst dich nicht fürchten.'[113] Die Ideologie der ‚alten Weisheit' zwingt den Unglücklichen, die Schuld bei sich zu suchen. Zofar wiederholt, was Elifas schon angedeutet hatte. Doch es wird deutlich, wie verletzend diese Haltung sein kann. Was gut gemeint ist, klingt in den Ohren des Betroffenen wie Hohn und Spott. Überheblich wirkt die Rede Zofars, der mit Berufung auf sein Wissen über Gott den Freund schuldig spricht und ihm selbstgerecht gute Ratschläge erteilt. Hiob reagiert entsprechend: ‚Ich habe Verstand so gut wie ihr (...). Dem eigenen Freund werde ich zum Gespött (...). Dem Unglück Verachtung! denkt der Sichere, ein Stoss noch denen, deren Fuss schon wankt!'[114] Hiob will den Freunden nicht gestatten, sich mit Berufung auf ihr Wissen über die Gottheit über ihn zu erheben. Diese selbst soll ihm Antwort geben. ‚Aber ich (Hiob) will zu Schaddai reden, und mit Gott zu streiten, ist mein Wunsch. Denn ihr seid nur Lügendichter, Kurpfuscher seid ihr allesamt.'[115]

Hiob geht zum Gegenangriff über: ‚Hört meine Entgegnung (...). Wollt ihr Falsches reden für Gott und Lügen vorbringen für ihn? Wollt ihr für ihn Partei ergreifen oder den Rechtsstreit führen für Gott? Geht es gut aus, wenn er euch erforscht, und könnt ihr ihn täuschen, wie man Menschen täuscht?'[116] Hier wird auf die Gefahr der Verwechslung von Hypothesen, Modellen, intellektuellen Rekonstruktionen mit der Sache selbst hingewiesen. Wenn aus Hypothesen Axiome, aus Modellen Dogmen, aus intellektuellen Rekonstruktionen Wahrheit wird, dann entsteht eine Ideologie, die sich gegen jede widersprechende Erfahrung immunisiert. Eine Verteidigung der Gottheit durch den Menschen gegen die Erfahrung eines Menschen, muss ideologisch werden, es sei denn man sei im Besitz eines unmittelbaren und vollständigen Offenbarungswissens. Die Behauptung, solches Wissen zu besitzen, steht allerdings zurecht unter Verdacht. Dass Hiob sich mit seiner Klage also direkt an die Gottheit wendet und die Belehrung der Freunde nicht akzeptiert, ist konsequent.

[113] Hiob 11.3ff
[114] Hiob 12.3-5
[115] Hiob 13.3f
[116] Hiob 13.7-9

Die Entgegnung des Elifas wendet das Argument Hiobs gegen diesen zurück. Er fragt: ‚Kannst du zuhören in Gottes Rat und die Weisheit an dich reissen? Was weisst du, was wir nicht wissen, was verstehst du, das wir nicht verstehen?'[117] Das Argument scheint rhetorisch und auch ein wenig hilflos, denn Hiob argumentiert ja gerade nicht aus einem Wissen über die Gottheit, sondern möchte im Gegenteil von ihr Antwort auf seine Frage. Doch weiter oben in Elifas Rede ein Aspekt sichtbar, der Beachtung verdient. Elifas wettert: ‚Darf ein Weiser windiges Wissen zur Antwort geben, sich aufblähen mit Wind? Darf er zurechtweisen mit einem Wort, das nichts taugt, und mit Worten, die nichts nützen? Du zerstörst die Gottesfurcht und verletzt die Andacht vor Gott.'[118] Hier wird der **Nutzen** der Weisheit ins Spiel gebracht. Das Beharren Hiobs auf seiner Unschuld stellt ein wesentliches Fundament der sozialen Ordnung und der sozialen Konstruktion von Sinn in Frage. Dies zu tun ist nicht weise, denn es kann schlimme Konsequenzen haben. Diesen gilt es sich mit ganzer Kraft entgegenzustellen. Darum belehrt Elifas den Hiob: ‚Ich will dich unterweisen (...), was Weise verkünden (...): Sein Leben lang ängstigt sich der Frevler und dem Gewalttätigen sind nur wenige Jahre bestimmt. Schreckensrufe gellen in seinen Ohren, im Frieden kommt der Verderber über ihn. Er hat keine Hoffnung, aus der Finsternis wiederzukehren, und für das Schwert ist er ausersehen. (...)'[119] Das ist nur der Anfang der Liste des Unheils, das den Frevler mit Sicherheit erwartet. Die Absicht ist deutlich: Nur die glaubhafte Drohung mit dem gerechten Zorn Gottes hält die Menschen davon ab, den Weg der Frevler zu gehen. Nur die Angst hält sie in Schranken. Ich werde weiter unten auf dieses Argument, das in der Rede Elihus ausführlicher erscheint, noch einmal eingehen. Hiobs Reaktion ist Resignation. ‚Derlei habe ich oft gehört, ihr alle seid leidige Tröster.'[120] Er kennt die Argumente, doch sie zielen an seinem Problem vorbei.

Im Groben ist damit der Rahmen der Auseinandersetzung zwischen Hiob und seinen Freunden umrissen. Was folgt ist die Eskalation des Konflikts. Was zunächst nur vorsichtig angedeutet wurde, wird immer klarer und härter ausgesprochen. So sagt Elifas in seiner dritten Rede zu Hiob: ‚Ist deine Bosheit nicht gross, und deine Sünde nicht endlos? Ohne Grund hast du deine Brüder gepfändet, und den Nackten hast du

[117] Hiob 15.9
[118] Hiob 15 1-4
[119] Hiob 15.17ff
[120] Hiob 16.2

die Kleider ausgezogen. Dem Erschöpften hast du kein Wasser gegeben, und dem Hungrigen hast du das Brot verweigert. Dem Mächtigen gehört das Land und sein Günstling darf darin wohnen. Witwen hast du mit leeren Händen fortgeschickt, und den Waisen sind die Arme gebrochen worden.'[121]

Hiob selbst beharrt auf seiner Unschuld und betont, dass es ihm um seine Ehre vor der Gottheit und auch vor den Menschen geht. „Meiner Ehre hat er mich entkleidet, und die Krone hat er mir vom Haupt genommen. (...) Selbst Kinder verachten mich, wenn ich aufstehen will, verhöhnen sie mich. Alle meine Vertrauten verabscheuen mich, und die ich liebte, haben sich gegen mich gewandt.'[122] Und so besteht er beharrlich auf seinem Recht: ‚So wahr Gott lebt, der mir mein Recht entzogen und Schaddai, der mein Leben verbittert hat: So lange noch Lebensgeist in mir ist und Gottes Atem in meiner Nase, sollen meine Lippen kein Unrecht reden, und meine Zunge soll nichts Falsches sprechen. **Fern sei es von mir, euch Recht zu geben, bis in den Tod gebe ich meine Unschuld nicht preis.** An meiner Gerechtigkeit halte ich fest, und lasse sie nicht, keinen meiner Tage hält mein Gewissen mir vor.'[123]
Er beruft sich auf sein Gewissen und auf die Gottheit. Das letztere mag befremden. Doch tatsächlich setzt Hiob seine Hoffnung im Streit mit der Gottheit gerade auf diese. So kann er sagen: ‚Mit Tränen blickt mein Auge zu Gott, dass er Recht schaffe dem Mann bei Gott und zwischen Mensch und Mensch.'[124]

---

[121] Hiob 22.5-9
[122] Hiob 19.9/18f
[123] Hiob 27.1-6
[124] Hiob 16.20f

Das Argument des Elihu

Elihu erscheint unvermittelt, nachdem Hiob seine Reden beendet hat. Er wird nicht eingeführt und seine Rede erhält keine Antwort von Hiob und unterliegt keinem Urteil der Gottheit am Schluss des Buches. Die Reden der Gottheit an Hiob schliessen unvermittelt an die Reden Elihus an. Daher werden diese Reden allgemein als spätere Einfügung betrachtet. Wie die drei Freunde rechtfertigt er das Handeln der Gottheit, bringt aber als neue Elemente der Erklärung für das Leiden Hiobs Warnung und die Fürsorge der Gottheit ins Spiel. ‚Er (die Gottheit) will den Menschen abbringen von seinem Tun und dem Mann seinen Hochmut austreiben. Er will ihn vor dem Grab bewahren und sein Leben vor dem Tod.'[125] Die Krankheit wird als Bewahrung vor Schlimmerem verstanden. Kurz vor dem Tod erscheint ein Engel, ein Mittler und spricht: ‚Lass ihn nicht ins Grab hinabfahren, das Lösegeld habe ich aufgebracht.'[126] Der Kranke bekehrt sich zu Gott, wird geheilt und bekennt öffentlich seine Sünden und dankt Gott für die Rettung. Die Bemühungen der Gottheit gehen nach Elihu dahin, den Menschen in die richtige Beziehung zu sich zu bringen. In der Not wendet sich der Mensch zu Gott. So sagt Elihu: ‚Den Elenden rettet er durch sein Elend und öffnet durch Drangsal sein Ohr.' Entsprechend schliesst er, dass Hiobs Reichtum ihm zum Verhängnis werden musste. Zu Hiob gewandt fährt er fort: ‚Du aber wurdest verführt, weil die Not fern war, weit war dein Raum und ohne Bedrängnis und voll von fetten Speisen dein behaglicher Tisch. Da hat dich das Gericht über den Frevler getroffen, Gericht und Urteil haben dich erfasst.'[127] Gott erscheint als Pädagoge, der mit Lohn und Strafe dem Menschen den richtigen Weg weist. ‚Wer ist ein Lehrer wie er?'[128]

Ich möchte aber einen anderen Aspekt aus Elihus Rede hervorheben. Wie Elifas hinterfragt Elihu die Berechtigung Hiobs, eine Lehre in Frage zu stellen, die für die Gemeinschaft eine fundamentale Bedeutung hat:

> Elihu aber begann wieder und sprach:
> Hältst du es für richtig,
> dass du sagst: Ich bin gerechter als Gott,
> dass du fragst, was es dir nützt:

[125] Hiob 33.17f
[126] Hiob 33.18
[127] Hiob 36.15ff
[128] Hiob 36.22

Was habe ich davon, wenn ich ohne Sünde bin?
Ich will dir Antwort geben
und deinen Freunden bei dir.
Blicke auf zum Himmel und sieh,
und schau die Wolken an, hoch über dir.
Wenn du sündigst, was schadest du ihm,
und wenn deine Missetaten zahlreich sind, was tust du ihm an?
Wenn du gerecht bist, was gibst du ihm,
und was empfängt er aus deiner Hand?
Männer wie dich trifft dein Frevel
und Menschen deine Gerechtigkeit.
Unter grosser Bedrückung schreien sie,
vor dem Arm der Mächtigen rufen sie um Hilfe.
Aber keiner sagt: Wo ist Gott, mein Schöpfer,
der Lobgesänge schenkt in der Nacht,
der uns verständiger macht als die Tiere der Erde
und weiser als die Vögel des Himmels.
Da schreien sie- doch er gibt nicht Antwort-,
weil die Bösen übermütig sind.
Es ist umsonst, Gott hört es nicht,
und Schaddai achtet nicht darauf.
Und wenn du sagst, du kannst ihn nicht sehen:
Der Rechtsfall liegt vor ihm, warte nur auf ihn!
Jetzt aber, da sein Zorn nicht gestraft hat
und er sich um Torheit nicht viel kümmert,
reisst Hiob seinen Mund auf zu leerem Gerede,
macht viele Worte ohne Einsicht.[129]

Elihu will die Gottheit nicht um ihrer selbst willen verteidigen. Ihm geht es um die Gemeinschaft, die sich im Namen dieser Gottheit versammelt, von ihr getragen und zusammengehalten wird. Doch es ist zu vermuten, dass sich seine Motive sich von denen des Elifas etwas unterscheiden.

---

[129] Hiob 35.1-15

Elifas und seine Freunde, so darf man annehmen, gehören wie Hiob zur reichen Elite des Volkes. Für sie ist der Zusammenhang von Tun und Ergehen eine konservative Ideologie zur Rechtfertigung des Bestehenden. Es ist keine Ideologie der Gleichheit, sondern mehr eine Form der ‚Meritokratie'[130] Reichtum und Ehre werden letztlich von Gott nach Massgabe der Tugendhaftigkeit verliehen. Wer seine Lust hat, am Gesetz des Herrn, dem gerät alles wohl.[131] Gerät einer in Not, so kann die Schuld bei Frevlern liegen, die gewiss dem rächenden Zorn der Gottheit verfallen oder er hat selbst gesündigt und erleidet nun die gerechte Strafe. Bei einer Krankheit ist der zweite Fall der wahrscheinlichste. Doch hier gibt es die Möglichkeit, durch Reue und Busse Vergebung zu erlangen und im Falle der Genesung auch sozial wieder rehabilitiert zu werden. Die Internalisierung dieses Modells verspricht relativ stabile Verhältnisse. Die ungleiche Verteilung der Ressourcen ist legitimiert, Zorn aus subjektiv erfahrenem Unrecht kann, ganz im Sinne Sloterdjiks, bei der Gottheit hinterlegt werden, die die Rache vollziehen wird. Das Dogma vom Zusammenhang von Tun und Ergehen steht also im Dienst von Ordnung und Sicherheit und aus der Sicht der Begünstigten damit sicher auch im Dienst des Wohlergehens und Glücks des Volkes. Diesen Zusammenhang zu leugnen ist damit verständlicherweise der schlimmste Frevel.

Bei Elihu sind es offenbar die Ohnmächtigen und Unterdrückten, die im Zentrum seines Interesses stehen. Die Gemeinschaft, die er im Blick hat, steht vermutlich in einer Auseinandersetzung, vielleicht sogar in einer Kampfsituation.[132] Hier wird der Tun-Ergehen-Zusammenhang zur Hoffnung auf Wiederherstellung, Sieg und Rache. Darum stellt Elihu den Zusammenhang als unbezweifelbare Tatsache dar. ‚Sieh, Gott ist gewaltig und gibt nicht nach, gewaltig ist die Kraft seines Herzens. Den Frevler lässt er nicht am Leben, aber den Elenden schafft er recht.'[133]Angesichts der Tatsache, dass Gott sich mit seinem Eingreifen Zeit lässt[134], ist diese Rede durchaus als Durchhalteparole zu verstehen. In dieser Situation ist es für Propagandisten, Agitatoren und Ideologen natürlich unerträglich, wenn Gott als ungerecht, unzuverlässig oder willkürlich dargestellt wird. Solche Reden untergraben Hoffnung, Glauben und die zuversichtliche Gewissheit, dass Gott der Gerechtigkeit zum Sieg

[130] Vgl. Sloterdjik S. 355
[131] Vgl. Ps.1
[132] Wenn man die Entstehung des Textes ins 3. Jh. v. Chr. legt, ist es die Zeit der Kämpfe von Seleukiden und Ptolemäern um die Vorherrschaft im Raum Palästina.
[133] Hiob 36.5
[134] Vgl. Hiob 35.13

verhelfen wird. Wäre Hiob gänzlich unschuldig, allein mit dem Frevel seiner anmassenden Rede hätte er in den Augen Elihus wohl sein Leiden als Strafe verdient.

Die Gottheit als Götze

Es stellt sich die Frage nach dem Verhältnis der Rede von Gott im Dienst des Menschen und dem Menschen im Dienst der Rede Gottes. In den Reden des Elifas und des Elihu wird sichtbar, dass die Rede von Gott auch im Dienst menschlicher Interessen steht. Sie stiftet nicht nur individuelle, sondern auch soziale Identität. Sie begründet und legitimiert Institutionen, soziale Rollen und Hierarchien. Entsprechend für den Erhalt kann sie für den Erhalt oder die Veränderung sozialer Verhältnisse in den Dienst genommen werden. Die Rede von Gott kann Machtansprüche und Privilegien begründen, die Verteilung der Ressourcen regeln, Beziehungen definieren.[135] Die Rede von Gott bedient also die verschiedensten Interessen. Wieweit diese Interessen deckungsgleich sind mit den Interessen derer, die diese Rede formulieren, ist eine entscheidende Frage. Der Verdacht, dass die Rede von Gott auch ein Konstrukt zur Wahrung von Partikularinteressen sein könnte und oft auch ist, wird in der Götzenkritik formuliert. Zur eigenen Errettung bastelt man sich einen Gott.[136]

Der Verdacht, dass die Gottheit der 'alten Weisheit' ein solcher Götze sein könnte, kommt in der Auseinandersetzung von Hiob und seinen Freunden auf. Man fragt sich, woher denn die Vehemenz, mit der sie einen einst geachteten und geehrten Freund zum Verbrecher stempeln wollen, kommt. Geht es ihnen um Gott? Das bestreitet die Geschichte. Denn Gott gerät in Zorn über ihre Reden[137], er kann sie also nicht geheissen haben, in dieser Art von ihm zu sprechen. Es drängt sich also auf, zu vermuten, dass sich hinter ihrer Rede von Gott mehr ihre eigenen Ziele, Ambitionen und Interessen verbergen. Das muss nicht einmal bewusst und zynisch sein. Die Konstruktion der Gottheit durch die 'alte Weisheit' war nicht ihre Erfindung. Sie haben die Merksätze in der Schule auswendig gelernt und verinnerlicht. Arglos und beinahe zufällig entdecken sie, dass die gelernte Rede von Gott auch einen Nutzen hat. Das ist für sie kein Argument gegen diese Rede, sondern im Gegenteil neben dem Druck der Konvention und der Verpflichtung gegenüber der Tradition ein weiterer guter Grund, diese Lehre mit aller Kraft zu verteidigen.

[135] Nicht zuletzt natürlich die Beziehung zwischen den Geschlechtern.

[136] Vgl. Jesaja 44 9-17

[137] Vgl. Hiob 42.7

Die Lage Hiobs

Warum kämpfte Hiob mit der Gottheit gegen Gott? Wäre es nicht näher gelegen, den Frevlern Recht zu geben und Gott zu leugnen, oder dem Rat seiner Frau zu folgen, sich von Gott zu verabschieden und im Tod die Erlösung zu finden. Es mag sein, dass für einen gebildeten, würdigen und weisen Mann seiner Zeit an seinem Ort der Atheismus einfach keine Denkmöglichkeit war, oder vielleicht auch nur keine, die literarische Verbreitung hätte finden können. Ich denke, dass dahinter aber auch die als tiefe Überzeugung wahrgenommene Ahnung steckte, dass das Konzept einer Gottheit für den Menschen hilfreich, ja notwendig sei. Eine Welt ohne Gott war für Hiob wohl deshalb nicht vorstellbar, weil es für ihn eine schreckliche Welt gewesen wäre. Eine Welt der Gewalt, voll Krieg und Mord, eine Welt ohne Hoffnung. Für Hiob steht die Existenz Gottes nicht zur Debatte. Was zur Debatte steht, ist die Rede von Gott. Hiobs Problem bestand darin, dass ihn die herrschende Rede von Gott in ein Dilemma führte, das nur mit einer anderen Art, von Gott zu reden, gelöst werden konnte. Die ‚alte Weisheit' bot für die Deutung seines Schicksals keine Möglichkeiten an, die ihm hilfreich und plausibel erscheinen konnte. Hiob hat zu einer anderen Art von Gott zu reden gefunden, indem er die Art, wie er **zu** Gott redete, veränderte. Das **Gebet im Modus der Anklage** zeigt den **Mut**, aber vielleicht auch die Verzweiflung dieses Mannes, der davon ausging, dass er ausser seiner Ehre nichts mehr zu verlieren hatte. Doch es ist der Mut, der ihn auszeichnet und zu einem Helden des Glaubens macht. Des Glaubens auch deshalb, weil er paradoxerweise daran glaubte, dass sein Löser, sein Anwalt lebt, und es ein gerechtes Gericht gibt.[138] Wer ausser Gott sollte ihn gegen Gott verteidigen?

Dass die richtige Rede von Gott für jede und jeden, die sie hört, eine hilfreiche und plausible, also eine gute Botschaft sein soll, halte ich für eine wesentliche Aussage des Hiobbuches. An ihren Früchten muss man die richtige Rede von Gott erkennen.[139] Eine erste Frucht wäre ein angemessenes Verständnis des Menschen.

---

[138] Vgl. Hiob 19.25ff

[139] Vgl. Mat. 7.20

Die Antwort der Gottheit

Man könnte versucht sein, die Antwort der Gottheit in den Sätzen zusammenzufassen: ‚Willst Du wirklich mein Recht bestreiten, mich schuldig sprechen, damit du recht bekommst? Hast du denn einen Arm wie Gott, und kannst du donnern wie er?'[140] Hiob wird so auf die Plätze verwiesen, indem die Gottheit ihn daran erinnert, dass die Durchsetzung von Recht zwingend an Macht gebunden ist. Hiob erkennt, dass er seine Position nicht halten kann und unterwirft sich, um die Erfahrung eines Gesprächs mit der donnernden Gottheit reicher, der Macht. Damit gewinnt er Einsicht in die Differenz zwischen Mensch und Gott und verzichtet darauf, aus menschlicher Perspektive an der Gottheit Kritik zu üben.

Ich bin der Meinung, eine solche Auslegung greift zu kurz. Die Konzeption des Buches setzt ja voraus, dass die Gottheit ihre Rede in Kenntnis um die Vorgeschichte hält. Für Hiob bleibt dieses Geschehen zwar dunkel, wir aber wir als Leser der Erzählung kennen die Auseinandersetzung zwischen Gott und Satan und dürfen uns also fragen, ob es möglicherweise Bezüge zwischen der Vorgeschichte und der Antwort Gottes an Hiob gibt.

Gehen wir also an den Anfang der Erzählung zurück und fragen uns, wie es dem Satan den gelungen ist, die Gottheit gegen Hiob aufzureizen. ‚Ist Hiob **ohne Grund** gottesfürchtig?' Diese Frage scheint präzis gesetzt und einen Verdacht, der den Zorn der Gottheit reizen könnte, anzusprechen. Hiobs Frömmigkeit, sein Lob, seine Gebete, seine Rituale, seine Gesetzestreue, ist nicht ihr, sondern ihrem Funktionieren geschuldet. Wenn, so das hintergründige Argument Satans, die Gottheit nicht nach den Vorgaben des Tun-Ergehen-Zusammenhangs funktioniert, dann wird sie für untauglich erachtet und verachtet. Sie hat keinen Wert ausserhalb der Funktion, die der Mensch ihr zugedacht hat. Damit verkehrt sich das Verhältnis von Gottheit und Mensch. Die Gottheit wird zum Mittel für menschliche Zwecke, zum Sklaven der Ideologie. Damit wäre sie verkannt und auch entwürdigt, weil ihre Existenzberechtigung an die Kriterien menschlicher Nützlichkeitserwägungen gebunden wäre. Sie wäre nicht mehr als ein Götze, allen gegenteiligen Beteuerungen zum Trotz.

Die Gottheit ist mehr als ein Motivationsmechanismus im Dienste menschlicher Ordnungen und Ambitionen. Und dieses mehr will sie ins Bewusstsein und zur Geltung bringen. Darum sind die Reden der Gottheit an Hiob mehr als nur Verweise

---

[140] Hiob 40.8f

auf ihre überwältigende Macht, gegen die aufzubegehren für Hiob ein vergebliches Unterfangen wäre. Damit hätte sie ja bei Hiob auch offene Türen eingerannt. Diese überlegene Macht hat er ja nie bezweifelt. Viel mehr sind ihre Reden zu verstehen als Argumente und Hinweise, weshalb ihr jenseits ihrer Funktion als Garant der Tun-Ergehen-Zusammenhangs Bewunderung, Respekt, Ehrfurcht, Verehrung und Liebe gebührt.

Die Gottheit demonstriert ihre Schöpferkraft. Gewaltige Energien werden freigesetzt und gebändigt. Die Gottheit legt den Grund und gibt das Mass, ‚als alle Morgensterne jauchzten und alle Götter jubelten.'[141] Als grosses Fest wird der Schöpfungsakt inszeniert. Jubel und Freude stehen am Anfang des erhabenen, überwältigenden Werkes. In der Schönheit ihrer Schöpfung, in der Freude und Begeisterung, die sie auslöst, liegt ein Grund, Gott zu ehren.

Die Schöpfung hat ihren Sinn in sich. Sie ist das Werk Gottes, auch dort, wo keine Menschen wohnen, denn, so fragt die Gottheit: ‚Wer hat der Regenflut die Bahn gebrochen und Blitz und Donner den Weg bestimmt, es regnen zu lassen auf unbewohntes Land, auf menschenleere Wüste, den Durst von Öde und Wildnis zu stillen und frisches Gras gedeihen zu lassen?'[142] Die Schöpfung wird nicht einfach auf den Menschen hin konzipiert oder ihm als Lebensraum nachgeordnet[143]. Die Aufmerksamkeit der Gottheit und ihre Fürsorge gelten nicht nur dem Menschen allein. Darauf verweit die Frage: ‚Wer bereitet dem Raben sein Futter, wenn seine Jungen zu Gott schreien, ohne Nahrung umherflattern?'

Was die Schöpfung Gottes in dieser Darstellung auszeichnet ist nicht die Ordnung von Zeit und Raum[144], nicht die klare Struktur, auch nicht die Idee eines Kulturraumes, den es zu bebauen und bewahren gilt[145]. Ihre Merkmale sind Kraft, Fruchtbarkeit, Wildheit, Freiheit, Mut und Kampf. So fragt die Gottheit: ‚Wer hat den Wildesel freigelassen, wer hat ihm seine Fesseln gelöst? Ich gab ihm die Steppe zur Behausung und das salzige Land zur Wohnung. Er lacht über das Lärmen der Stadt, das Geschrei des Treibers hört er nicht. In den Bergen sucht er seine Weide, und allem was grün ist, spürt er nach.'[146]

---

[141] Hiob 38.7
[142] Hiob 38.25-27
[143] Vgl Gen. 1-3. In diesen Schöpfungsberichten wird der Mensch als Ziel oder Zentrum der Schöpfung dargestellt.
[144] Vgl. Gen 1.1-2.4
[145] Vgl. Gen.2.15
[146] Hiob 39.8

Oder sie verweist auf das Ross. ‚Es lacht über die Furcht und hat keine Angst und weicht nicht zurück vor dem Schwert.'[147]

Die Schöpfung, die Hiob gezeigt bekommt, ist nicht aus Gesetzen gezimmert und durch Regeln bestimmt. Es ist eine lebendige, grossartige, faszinierende und erschreckende Welt. Eine Welt, die zum Kampf herausfordert und erobert werden muss, eine Welt in der es Siege und Niederlagen gibt. Die Ehre ist ein wichtiger Begriff in dieser Welt. ‚Schmücke dich doch mit Majestät und Hoheit, kleide dich mit Herrlichkeit und Pracht! Lass die Fluten deines Zorns sich ergiessen, und erniedrige jeden Stolzen mit deinem Blick.' So rät die Gottheit dem Hiob, bevor sie ihm den Behemot, das erste ihrer Geschöpfe, und den Leviatan[148] vor Augen führt. „Sieh doch die Kraft in seinen (des Behmot) Lenden und die Stärke in den Muskeln seines Leibes! Sein Schwanz ist stark wie eine Zeder, die Sehnen seiner Schenkel sind dicht geflochten. (...)Kann man ihn fangen, wenn er die Augen offen hat?' [149] ‚Kannst du den Leviatan an der Angel ziehen (...). Wird er dich lange um Gnade bitten und freundlich mit dir sprechen? Wird er einen Vertrag mit dir schliessen, dass er für immer dein Sklave wird?'[150] Mit der ausführlichen Beschreibung der Kraft und auch der Schönheit des Leviatan, dem Drachen mit einem Herz hart wie Stein, einem Geschöpf ohne Furcht, dem König über alle Stolzen, beschliesst die Gottheit ihre Rede an Hiob.

[147] Hiob 39.22
[148] Behemoth (Hebräisch בהמות B'hemot: „Tiere") und Leviathan (hebr. לוויתן liw-wi-jatan „der sich Windende") sind die Namen von Ungeheuern der jüdisch-christlichen Mythologie. Quelle: wikipedia
[149] Hiob 40.16/24
[150] Hiob 41.25/27f

Die Schönheit der Feier

Die Rede der Gottheit erscheint als einziger Protest gegen ihre Reduktion auf ein Mittel zum Zweck des erbsenzählerischen Ressentiments. Diese Gottheit versteht sich eben gerade nicht als Verwaltungsratspräsident einer Zornbank, die mit der aufgesparten Wut der Ohnmächtigen ihre im Grunde phantasielose und unkreative Vergeltungsgeschichte inszeniert. Es ist eine Gottheit, die das Leben als Fest und Feier inszeniert, deren Schöpfung von Jubel und Jauchzen durchdrungen ist. Sie freut sich an den rohen Urgewalten, stellt sich ihnen entgegen und erprobt an ihnen ihre Kraft, formt und bildet, doch sie zerstört sie nicht. Sie zeigt sich nicht als Gottheit von Ruhe und Ordnung, sondern als lebendige Kraft, deren Dynamik Spannung voraussetzt. Sie ist damit nicht auf eine berechenbare Eindeutigkeit zu reduzieren. Sie ist nicht Prinzip, aus dem sich alles Weitere deduzieren liesse. Sie hat keine Gründe, diese setzt sie nach ihrem freien Willen[151], sondern Ziele, und wie ihr Geschöpf, der Leviatan, lässt sie sich keinen Strick durch die Nase ziehen und an die kurze Leine menschlicher Rechthaberei binden. Sie sieht sich damit nicht in der Rolle eines transzendentalen Hilfssheriffs, dem die Verantwortung für die Durchsetzung menschlicher Rechtsansprüche einfach übertragen werden könnte. Sie sieht auch keinen Grund, weshalb sie selbst auf menschliche Normen verpflichtet und an sie gebunden werden sollte. Sie ist nicht menschlichem Recht, sondern der **Schönheit** ihrer Schöpfung im Ganzen verpflichtet. In dieser Schöpfung spiegeln sich ihr **Stolz**, ihre Erhabenheit, ihr Ruhm und ihre Ehre. Kurz, sie ist Spiegelbild ihres **‚thymos'**, Resultat ihrer vorwärtsweisenden, stiftenden, gebenden und überschiessenden Gesten.[152]

---

[151] Vgl. Hiob 38.4

[152] Vgl. Sloterdjik S. 53

Hiobs Ehre

‚Darum gebe ich auf und tröste mich in Staub und Asche.' So beendet Hiob seine Antwort auf die Reden Gottes. Man könnte dies als Resignation verstehen. Hiob findet in den Reden Gottes zwar keine Antwort auf seine Fragen, doch er beugt sich der Willkür Gottes. Er akzeptiert Gottes Übermacht und wirft sich in den Staub. Dafür wird er von neuem mit Reichtümern überhäuft. Doch das würde heissen, Gott hätte ihm die Ehre abgekauft. Die Anklage Hiobs hätte sich als richtig erwiesen, doch beim Anblick von Behemot und Leviatan hätte ihm der Mut versagt und er hätte klein beigegeben. ‚Auch wenn ich im Recht bin, kann ich nicht antworten, zu meinem Richter muss ich um Gnade flehen. Riefe ich und gäbe er mir Antwort, ich glaube nicht, dass er wirklich auf mich hörte.'[153] Diese Befürchtung Hiobs hätte sich als wahr herausgestellt, ausserdem hätte er sich als Grossmaul erwiesen, weil er es nicht wagte, seinen Standpunkt noch einmal vorzubringen, den er seinen Freunden so grosspurig verkündete. ‚Schuldlos bin ich, er aber hat mich schuldig gesprochen. Schuldlos bin ich! Ich sorge mich nicht, ich verachte mein Leben. Es ist alles eins! Den Schuldlosen wie den Schuldigen bringt er um.'[154] Der Held des Glaubens versagt im entscheidenden Augenblick. Eine Deutung, die man getrost nihilistisch nennen könnte, weil sie nichts mehr übrig lässt. Aus Gott machte sie einen wankelmütigen, von dunklen Strebungen verführbaren Sadisten, der sich an der Hilflosigkeit seiner Opfer labt und Gefallen findet, wenn sie vor ihm winseln. Aus Hiob würde ein selbstgerechter Polterer, der sich in megalomanen Anmassungen verliert und am Ende vor Scham über sich selbst Zeit seines Lebens nie mehr in einen Spiegel sehen könnte, und um das ganze abzurunden, würden auch die Freunde Hiobs zu Opfern der blind wütenden Gottheit, weil deren Zorn gegen sie entbrennt, obwohl sie doch richtig gesprochen haben. Wie sagte doch Bildad: ‚Wenn du Gott suchst und Schaddai um Gnade anflehst, (...) stellt er deine Wohnstatt wieder her, wie es dir zusteht.'[155]

Ein anderes Verständnis der Erzählung drängt sich auf. Die Gottheit sagt zu Elifas von Teman: ‚Mein Zorn ist gegen dich und deine beiden Freunde entbrannt, denn ihr habt nicht die Wahrheit über mich gesprochen, wie mein Diener Hiob.' Welche Wahrheit soll damit gemeint sein? Gibt die Gottheit den Anklagen Hiobs recht, steht seine Gottheit nun, nachdem sie ihn Kraft ihrer Allmacht gerade eben in den Staub

---

153 Hiob 9.15f
154 Hiob 9.20-22
155 Hiob 8.1ff

getreten hat, selbst als reuige Sünderin vor ihm und sagt: ‚Ja, du hast recht, ich bin halt manchmal launisch und ungerecht. Das ist nun mal mein Wesen und ich steh dazu.' Ein etwas peinliches ‚coming out' für eine Gottheit, die gerade eben noch auf ihre Majestät und Hoheit gepocht hatte. Auch hier muss ein besseres Verständnis gefunden werden.

Es ergibt sich daraus, dass Hiob Recht hat im Gegensatz zu seinen Freunden. Dort wo diese an einer Rede von Gott festhalten, selbst wenn diese erkennbar den Menschen entwürdigt und nachvollziehbar die Gottheit entehrt, sagt Hiob die Wahrheit, weil er widerspricht. Zu dieser Wahrheit kommt er, weil er die Wahrheit von sich sagt. Er redet nicht nach den ideologischen Vorgaben, sondern von sich, seiner Würde und seinem Recht, seine Sicht der Dinge auszusprechen und auf seine Fragen plausible Antworten zu suchen. Er beharrt auf seinem Recht, mit der Gottheit in einen Streit zu treten und von ihr Rechenschaft für die Verletzung seiner Würde zu verlangen. Die Wahrheit Hiobs ist seine Aufrichtigkeit, sein Mut und sein Ehrgefühl, das sich nicht mit dogmatischen Formel abspeisen lässt und doch den Respekt vor seiner Widersacherin, der Gottheit, bewahrt, indem er sie nicht einfach unbesehen auf den Müllhaufen der Ideologiegeschichte befördert. In seinem tiefen Zorn erweist er seiner Gegnerin die Ehre, indem er sagt: ‚Seht, er wird mich töten, nichts habe ich zu hoffen. Doch meine Wege will ich vor ihm verteidigen. Schon darin sehe ich mein Heil, denn vor ihn kommt kein Ruchloser.'[156]

Die Gottheit erweist ihm die Ehre und gibt ihm aus dem Sturm heraus Antwort. Sie zeigt ihre ganze Empörung, die allerdings, wie sich herausstellt, nicht der Anklage Hiobs gilt, sondern den sie entwürdigenden Reden seiner Freunde. Diese Reden waren allerdings auch die Reden Hiobs. Und auf Grund dieser falschen Rede von Gott formuliert er seine Anklage gegen Gott. Was Hiob zu Bewusstsein gekommen sein muss, ist, dass er sehr wohl den Zorn der Gottheit gereizt hatte, nicht weil er vor ihr um seine Würde kämpfte und mit schlimmem Verdacht gegen sie von ihr Rechenschaft verlangte, sondern weil er dies Aufgrund einer Vorstellung von ihr tat, die für sie unangemessen und beleidigend war. Eine Vorstellung, die ihm, bevor ihn das Unglück traf, wohl so selbstverständlich war wie seinen Freunden, die ihn nun in der Not damit traktierten. Das nötigt Hiob tatsächlich zur Busse, zur Umkehr. Aber nicht im Sinne seiner Freunde, so dass er seine Sünden im Sinne der Übertretungen des Gesetzes bekennen sollte, sondern indem er gezwungen ist, das was er vom

---

[156] Hiob 13.15f

Hörensagen kannte, auf Grund einer tieferen Einsicht zu revidieren.[157] **Er muss seine Beziehung zu Gott neu definieren.** Diese Erkenntnis rettet ihm Leben und Ehre.

[157] Vgl. Hiob 42.5

Die Moral der Geschichte

Die Suche nach Gerechtigkeit

Die Gottheit lässt sich nicht ans Gängelband menschlicher Ideologien legen. ‚Kannst du den Leviatan an der Angel ziehen und mit dem Strick seine Zunge niederdrücken? (...) Wird er einen Vertrag mit dir schliessen, dass er für immer dein Sklave wird?'[158] In diesen Fragen der Gottheit an Hiob kann man sehr wohl ein argumentum a minore ad maius erkennen. Was man beim Leviatan besser lassen sollte, daran ist in Bezug auf die Gottheit schon gar nicht zu denken.

Dass die Natur sich in ihrem Grund der Kalkulierbarkeit entzieht und sich in ihren Erscheinungen in Paradoxien offenbart, ist Allgemeingut. Die Physiker haben sich daran gewöhnt, dass das Licht auf die Frage: ‚Bist du ein Teilchen?' zur Antwort gibt: ‚Ja, ich bin ein Teilchen.' Fragt man es aber: ‚Bist du eine Welle?' so antwortet es: ‚Ja, ich bin eine Welle." Das deutet darauf hin, dass wohl weder Teilchen noch Welle eine zutreffende Beschreibung ist. Doch auf der Anwendung dieser paradoxen Konzepte beruht ein Grossteil unseres technischen Fortschritts.

Eine Schöpfung vorausgesetzt, ich persönlich vertraue auf diese Hypothese, darf man doch fragen, ob denn, was für die Schöpfung gilt, nicht auch für die Gottheit gelten darf, ja gelten muss. Aus der Tatsache, dass unsere Konzepte von der Welt zu paradoxen Aussagen über diese führen, wird selten die Existenz der Welt bestritten. Aus der Tatsache, dass unsere Konzepte von der Gottheit in mancher Hinsicht zu logischen Widersprüchen führen, lässt sich darum weder ihre Existenz, noch die Anwendung bestimmter Konzepte von ihr rundweg bestreiten. Darum ist Sloterdjik zu widersprechen, wenn er etwa sagt: ‚Man darf die biblischen und scholastischen Begründungen des zürnenden Gottes ihrer logischen Hoffnungslosigkeit wegen auf sich beruhen lassen.'[159] Wie in der Naturwissenschaft entscheidet nicht die theoretische Widersprüchlichkeit, sondern die praktische Anwendung selbst in sich widersprüchlicher Konzepte über die Brauchbarkeit der Modelle. Mit anderen Worten: nicht die logische Hoffnungslosigkeit theologischer Aussagen, sondern die menschliche Hoffnungslosigkeit, die sie allenfalls erzeugen, kann und muss dazu führen, sie zu verwerfen. Genau dies ist aber der Fall für die theologische Konzeption einer Gottheit, die diese auf eine zwar logische und in gewissem Sinne

[158] Hiob 40.25/28

[159] Sloterdjik S. 161

sogar nützliche Formel reduziert. Über diesen Mechanismus wird die Gottheit berechenbar und in der Folge die Rede von ihr dogmatisch und totalitär. Das menschenverachtende Resultat einer solchen Theologie bekam Hiob von seinen Freunden vorgeführt.

Dies vorausgesetzt, kann man sich dem Problem der Gerechtigkeit Gottheit nähern. Befragt man die Geschichte Hiobs unter dem Aspekt der Ungerechtigkeit der Gottheit, so wird die Antwort lauten: ‚Ja, die Gottheit ist ungerecht.' Zur Begründung dieser Aussage liessen sich am leichtesten die Kollateralschäden ins Feld führen, die die Gottheit in ihrer Auseinandersetzung mit Hiob in Kauf genommen hat. Sie werden von Bildad bedacht, wenn er sagt: ‚Haben deine Kinder gegen ihn (Gott) gesündigt, so gab er sie in die Gewalt ihrer Schuld.'[160] Doch dieses Argument kann nicht überzeugen. Man kann noch weiter fragen: was ist mit den Knechten, die umkamen, was ist mit Hiobs Frau, die von seinem Elend ja auch betroffen ist. So gefragt führt uns die Suche nach der Gerechtigkeit zu keinem positiven Ergebnis.

Ich denke, das darf so festgestellt und festgehalten werden. Der Rückgriff auf Tautologien der Art: ‚Die Gerechtigkeit ist Gottes Wesen, darum ist, auch wenn wir es nach menschlichem Ermessen nicht zu fassen vermögen, das Handeln Gottes a priori gerecht.' führen zu mentalen Verkrampfungen, wenn man etwa zum Schluss kommt, dass sich die Gerechtigkeit Gottes gegen allen Augenschein auch in Naturkatastrophen offenbart habe. Gerade die Auseinandersetzung mit der Hiobserzählung führt doch zumindest zur Einsicht, dass der Versuch, sich zum Anwalt der Gottheit zu machen und seine Gerechtigkeit unter allen Umständen zu erweisen, in den Abgrund führen kann.[161] Ich halte es für klüger und nicht einfach für eine ‚faule Ausrede', wenn man hier auf die Unergründlichkeit der Gottheit verweist und die Rechtfertigung der Gottheit selbst überlässt, an die man, wie Hiob lehrt, seine Klage, seinen Zorn und seine Verzweiflung richten kann.

Doch gehen wir den anderen Weg. Befragen wir die Geschichte unter dem Aspekt der Gerechtigkeit der Gottheit. Dass wir fündig werden können, erkennen wir daran, dass der Konflikt zwischen Hiob und der Gottheit offenbar befriedigend gelöst werden konnte. Unsere These war, dass es sich auf beiden Seiten im Kern um eine

---

[160] Hiob 8.4

[161] Vgl. Hiob 13.7ff

Frage der Ehre handelte. Hiob weigerte sich, sein Unglück auf ein Fehlverhalten, auf eine Übertretung der Gebote zurückzuführen, was seine Ehre, die er in seiner Rechtschaffenheit begründet sieht, verletzen würde. Die Gottheit, so versuchten wir zu zeigen, fühlte sich durch eine theologische Konstruktion, die sie zum Sklaven einer Ideologie machte, gedemütigt und provoziert. Hiob fordert jedoch gerade auf Grund dieser Ideologie von Gott sein Recht. Gott fordert umgekehrt die Anerkennung seiner vollen Souveränität und Freiheit. Auf dieser Grundlage ist keine Einigung möglich. Eine Transformation der Positionen ist unumgänglich.

Diese Transformation ist in der Hiobserzählung gelungen. Ihr Kern ist, dass die Gottheit mit Hiob direkten Kontakt aufnahm, ihn ansprach. Damit wurde eine neue Beziehungsform ermöglicht. In ihrem ganzen Zorn erweist die Gottheit dem Hiob die Ehre. Seine Klage wurde gehört und ernst genommen. Seine Reden verhallen nicht ohne Echo im unendlichen Nichts. Die Gottheit, die wie ein Monarch in weiter Ferne als abstrakter Garant von Recht und Ordnung ihre einsamen unergründlichen Entscheide traf, spricht Hiob an. Das ist mehr als Hiob erwarten durfte und auch mehr als er erwartete. ‚Wüsste ich doch, wie ich ihn finden, zu seiner Stätte gelangen könnte!'[162] Er war wohl bereit, trotz seiner Krankheit einen beschwerlichen Weg bis zur Residenz der Gottheit auf sich zu nehmen, in der Hoffnung, dort zu einer kurzen Audienz zugelassen zu werden. Allein dass es die Gottheit für sich nicht als ehrenrührig betrachtete, sich zu ihm zu begeben, veränderte seine Vorstellung von ihr. Die Rede der Gottheit machte ihm vollends klar, dass seine Klage auf einer Projektion unangemessener Vorstellungen auf die Gottheit beruhte.

Doch Hiob wird nicht verurteilt und nicht gezwungen, Sünden die er nicht begangen hat, zu bereuen. Das erscheinen der Gottheit stellt ihn in seiner Ehre auch als Klagender wider her, denn er hat von der Gottheit recht geredet.[163] So kann man sagen, dass das Resultat dieses Konflikts im Erweis von Würde und Ehre sowohl der Gottheit als auch Hiobs ist. Dieses Resultat wurde erreicht durch eine Transformation der Beziehung zwischen der Gottheit und Hiob. Dadurch wurde Gerechtigkeit hergestellt und darin erweist sich sowohl die Gerechtigkeit Hiobs als auch die Gerechtigkeit der Gottheit. In diesem Sinne kann der Konflikt von Hiob mit der Gottheit als paradigmatisch gelten.

---

[162] Hiob 23.3
[163] Vgl. Hiob 42.7

Gerechtigkeit und Konflikt

Hiob und die Gottheit haben Positionen bezogen und verändert. Unter Position ist in diesem Fall nicht nur der Anspruch der Parteien und seine argumentative Begründung gemeint, sondern mehr noch ihre tatsächliche Stellung zueinander. Über die Frage der Ehre werden Beziehungsdefinitionen ausgehandelt. Es geht darum, Relationen zu finden, die ‚stimmig' sind und die Würde, die Selbstachtung der Parteien nicht mehr verletzen. Die Suche nach diesen Beziehungsdefinitionen kann man als Konflikt bezeichnen. Das leitende Motiv dieser Suche wäre die ‚Gerechtigkeit'. Sie kann, im Gegensatz zum Gesetz, nicht als gegebene Norm, sondern nur als Resultat einer Verhandlung verstanden werden. Gerechtigkeit gibt es nicht, sie kann nicht angewendet, sondern muss in der Auseinandersetzung erfunden und hergestellt werden. Gerechtigkeit kann man nicht einfach finden, wie eine Perle im Sumpf des Unrechts. Sie ist nicht gegeben, sondern muss in einer Auseinandersetzung erarbeitet werden. Darum werde ich in der Folge nicht mehr vom Finden, sondern nur noch vom Erfinden der Gerechtigkeit sprechen.

Aus dem oben gesagten folgt, dass es Gerechtigkeit ohne Konflikte nicht geben kann. Der Versuch, Gerechtigkeit festzuhalten, würde bedeuten Beziehungsdefinitionen einzufrieren, soziale Verhältnisse zu fixieren, was dem Leben, das sich entfaltet und wandelt, widerspricht. Man könnte gerade in diesem Versuch, Gerechtigkeit zu fixieren, sie in allgemeinen Definitionen festzulegen und in ewigen Normen zu kodifizieren, die Ursache real erfahrbarer Ungerechtigkeit erkennen. In dieser Verwechslung von Norm und Gerechtigkeit ist ja auch ein Grund für den Konflikt zwischen Hiob und der Gottheit zu suchen. Die Abwesenheit von Konflikten ist von daher auch kein Beleg für die Existenz von Gerechtigkeit. Unstimmige Beziehungsdefinitionen, in denen die Würde, das Ansehen, die Selbstachtung von Menschen verletzt werden, können stabilisiert werden. Der Ausbruch von Konflikten kann unterdrückt, der Konflikt kann umgelenkt und abgeleitet werden. In beiden Fällen ist es nicht möglich, Gerechtigkeit herzustellen. Was daraus entsteht ist das Ressentiment.

Vom Segen des Zorns

Verletzungen der Ehre provozieren den Zorn. Er kann als die treibende Kraft bei der Suche nach Gerechtigkeit betrachtet werden. Er provoziert den für die dringlich gewordene Transformation der Beziehungen und Verhältnisse notwendigen Konflikt. Doch der Zorn muss die richtigen Adressaten finden. Die Möglichkeit, den Zorn aus den für seine Entstehung relevanten Beziehungen herauszunehmen und auf Unbeteiligte und in diesem Sinne Unschuldige abzulenken, verhindert eine Lösung des Konflikts und kann damit keine Gerechtigkeit erzeugen. Es entsteht im Gegenteil ein für die Betroffenen eines solchen Umlenkungsmanövers schwer fassbares, aus dem eigenen Verhalten und den Beziehungsstrukturen kaum erklärbares Unrecht. Die Erfahrung des masslosen Zorns, seines blinden Wütens, könnte in dieser Umlenkung eine Begründung haben. Der umgelenkte Zorn kann nicht zu seinem Ziel kommen. Die dissonanten Beziehungen, die ihn nähren, bleiben bestehen. Damit ist diese Umlenkung des Zorns für die Zornbanken, wie sie Sloterdjik analysiert, eine unerschöpflich Quelle des Reichtums.

Der Zorn tendiert zur Vergeltung und zur Rache. Wenn der Zorn die rechten Adressaten findet, kann darin etwas von Gerechtigkeit gefunden werden. Das Talionsprinzip setzt in seiner Anwendung den rechten Adressaten und in Bezug auf die eingeklagte Tat bezogene gleiches Mass voraus. Damit sollte Genugtuung geleistet werden, d.h. es ist genug getan, um einen Ausgleich wieder herzustellen. Das Problem ist natürlich, dass sich Konflikte selten auf eine Untat reduzieren lassen, die dann gerächt werden könnte. Auch die Frage der ‚gerechten' Kompensation ist meist nicht so einfach zu lösen, wie das die Formel ‚Auge um Auge, Zahn um Zahn'[164] suggeriert. Die grundlegende Idee der Rache ist die Wiederherstellung. Damit ist sie konservativ und gehört als Vorform des Rechts in die Sphäre des Gesetzes, das ja eine Ordnung fixieren und erhalten möchte. Gerechtigkeit im hier vorgeschlagenen Verständnis ist dagegen dynamisch und prozesshaft auf die Veränderung der Verhältnisse gerichtet.

Der Zorn als Energiequelle eines Transformationsprozesses kann nicht als blinde, rohe, chaotische Urgewalt begriffen werden. Der Zorn muss würdig werden. Man muss ihn bilden und führen. So ist es notwendig, dass er in einer Auseinandersetzung an den richtigen Adressaten gelangt. Nur so kann in einem Konflikt im günstigen Falle Gerechtigkeit als ‚stimmige' gelingende Beziehungsdefinition, als ‚gutes

[164] Vgl. Ex. 21.24

Verhältnis' erfunden werden. Um die Bedingungen dieses günstigen Falles muss es gehen.

Voraussetzungen der Gerechtigkeit

Gerechtigkeit ist keine naturwüchsige Grösse. Ihre Erfindung ist im Gegenteil eine Kulturleistung von höchstem Rang. Die Fähigkeit, einen Konflikt zu einem guten Ergebnis zu führen, hat Kompetenzen und Haltungen, die erlernt, geübt und gebildet werden können.[165] Ohne Anspruch auf Vollständigkeit möchte ich einige aufführen.

Beherrschung

Der Zorn ist die Energiequelle für den transformativen Prozess, in dem Gerechtigkeit erfunden werden soll. Doch um ihn nutzen zu können, muss man ihn beherrschen können. Ihm müssen Grenzen gesetzt werden. In der Hiobsgeschichte setzt die Gottheit solche Grenzen, indem sie dem Satan zunächst gebietet: ‚Nur gegen ihn (Hiob) selbst strecke deine Hand nicht aus.' und danach: ‚Nur lass ihn (Hiob) am Leben'[166] Die Wirkung des Zorns wird also dosiert. Bei allem grausamen Wüten des Satans, werden diesem doch Grenzen gesetzt, wobei das Leben Hiobs eine absolute Grenze darstellt. Das zeigt, dass der Zorn nicht auf die Vernichtung des Gegners zielt und nicht auf sie zielen darf.

Mut

Wir haben gesehen, dass Konflikte unterdrückt, aufgestaut und verschoben werden können. Bei Kain haben wir bereits gesehen, dass sein Zorn den richtigen Adressaten verfehlt und haben vermutet, dass Furcht ein Grund dafür war. Um einen Konflikt gewinnbringend zu führen, braucht es den Mut, den richtigen Konflikt zu führen. Es ist vor allem Hiob, der den Mut aufbringt, seine Klage richtigerweise gegen Gott zu führen.

Kommunikative Kompetenz

Die Erfindung von Gerechtigkeit erfordert ein hohes Mass an kommunikativer Kompetenz. Gegenseitiges Verstehen setzt voraus, dass man sich verständlich machen kann. Sowohl die Gottheit als auch Hiob erfüllen diese Voraussetzung. Eine hohe Sprachkompetenz kann auch als Macht erkannt und eingesetzt werden. Zofar

[165] Auf den möglichen Einwand, ich würde hier gegen Luther den Weg der Selbsterlösung durch Werkgerechtigkeit anpreisen, kann ich hier nicht ausführlich eingehen. Doch ich gehe davon aus, dass die Zusage der Gnade Gottes eben gerade dazu befreit, sich auf Gerechtigkeit und Frieden hin zu bilden.

[166] Hiob 1.12/2.6

fragt darum: ‚Soll Recht bekommen, wer gut reden kann?'[167] Zur kommunikativen Kompetenz gehört selbstverständlich auch das Zuhören. Das erfordert auch im Konflikt Geduld, Aufmerksamkeit und Empathie.

Lernbereitschaft

Der Wille, nach der Gerechtigkeit zu fragen und sie herzustellen, ist verbunden mit der Fähigkeit, sich auf Veränderungen einzulassen. Gerechtigkeit zielt nicht auf Wiederherstellung, Wiedergutmachung, Ausgleich, Revenge oder Rache. Wenn Gerechtigkeit erfolgreich hergestellt werden kann, dann werden Beziehungen und Verhältnisse transformiert. Altes muss also losgelassen, Neues gewagt werden. Das setzt Lernbereitschaft und die Fähigkeit sich zu entwickeln voraus.

Die Bereitschaft zu vergeben

Altes loszulassen heisst auch vergeben . Zurecht schreibt Sloterdjik: ‚Mit dieser Gebärde (der Geste des Verzeihens) wird innerhalb einer Opfer-Täter Beziehung der Vorrang des Vergangenen aufgelöst'. Auch wenn wir Konflikte nicht unter dem Aspekt von Opfer und Täter betrachten, kann Neues, die erfundene Gerechtigkeit, nur gelingen, wenn Vergangenes tatsächlich ausser Kraft gesetzt wird. Das ist mit Vergebung gemeint.

[167] Hiob 11.2b

Konsequenzen

Noch einmal: Die Gottheit zwischen Konstruktion und Offenbarung[168]

Der Zorn der Gottheit in der Hiobserzählung, so die These, sei durch die Projektion einer ihr nicht angemessen, ideologischen Konstruktion auf sie entstanden. Nun ist offenkundig, und die Erzählung will das in keiner Weise verschleiern, dass auch diese Erzählung selbst eine Konstruktion ist. Es stellt sich also die Frage, woher sie selbst den Anspruch ableitet, den Hiob in der Erzählung einlöst, dass sie nämlich recht und wahr von Gott rede. Wir haben die Forderung aufgestellt, dass theologische Entwürfe sich in der Praxis bewähren müssen. Doch diese Forderung erlöst die Rede von Gott nicht vom Verdacht, immer nur menschliche Konstruktion zu sein. Diesen Verdacht wird man gegenüber Skeptikern und Atheisten auch nie mit vernünftigen Argumenten widerlegen können. Doch es gibt auch keine vernünftigen Argumente dagegen, sein Vertrauen auf eine Gottheit zu setzen, die sich dem Menschen in bestimmter Weise offenbart und mit der er sich auseinandersetzen kann.

Dem auf die Gottheit vertrauenden Menschen stellt sich also die Frage nach dem Verhältnis von Offenbarung und Konstruktion der Gottheit. Ich erhebe nicht den Anspruch, diese Frage gelöst zu haben. Doch ich denke, es ist richtig darzustellen, wie ich die Frage für mich selbst beantworte. ‚Denn auch der Menschensohn ist nicht gekommen, um sich dienen zu lassen, sondern um zu dienen (...).[169] Dieses Wort aus dem Markusevangelium lässt mich die Rede von Gott als Dienst am Menschen verstehen. Das Wort Gottes entfaltet sich also in der Dialektik von Herr und Knecht. Es ist Herr, insofern es frei ist und die Aufgaben stellt und die Ziele setzt, die zu erfüllen und zu erreichen sind. Es ist Knecht, insofern es uns bei der Erfüllung dieser Ziele zu Diensten steht. Das heisst, die theologische Konstruktion der Gottheit und die Predigt als Versuch der Rekonstruktion der Gottheit im kollektiven Bewusstsein sind gebunden an die Ziele der Gottheit, in deren Dienst sie sich stellt. Sie ist aber frei, sich das Wort Gottes in den gegebenen Umständen zur Erfüllung der Aufträge zur Erreichung dieser Ziele dienstbar zu machen. Die rechte Rede von Gott hat sich also zu verantworten vor Gott in Bezug auf die Ziele und vor den Menschen in Bezug auf die Wirkung. Wenn wir Frieden und Gerechtigkeit als Voraussetzungen

[168] Zum Problem der Theologie als Konstruktion siehe auch: Gordon Kaufman, An Essay on Theological Method, Scholars Press Atlanta, Georgia, Third Editon, 1995

[169] Mk.10.45

für das von der Gottheit gewollte Fest des Lebens als Ziel und die Gestaltung und Erhaltung unseres Lebensraums als ihren Auftrag akzeptieren, dann muss sich die theologische Konstruktion der Gottheit daran messen lassen. Die Rede von Gott lässt sich nicht trennen von der Rede über den Menschen. Auch diese muss sich in Bezug auf Ziel und Auftrag in der Praxis bewähren.

Der Mensch und sein Ziel

Sloterdjiks Plädoyer für den 'thymos' richtet sich gegen die Reduktion des Menschen auf den Eros. Er fordert, den Menschen nicht auf einen Pol zu fixieren, sondern ihn im Spannungsfeld zwischen Eros und 'thymos' zu begreifen. ‚Während die Erotik Wege zu den ‚Objekten' zeigt, die uns fehlen und durch deren Besitz oder Nähe wir uns ergänzt fühlen, erschliesst die Thymotik den Menschen die Bahnen, auf denen sie geltend machen, was sie haben, können, sind und sein wollen.'[170] Ich stimme ihm zu, doch ich neige zur Ansicht, dass es keinen Grund gibt, auf einem dualistischen Konzept zu beharren. Neben den Polen des Begehrens und Strebens könnten weitere treten, etwa seine autonome und heteronome Existenz als Schöpfer und Geschöpf. Die Existenz des Menschen in polaren Spannungsfeldern begründet dessen dialektische Verfassung und lässt ihn sich als einen Werdenden, sich Entfaltenden, sich Entwickelnden verstehen.

Diese Entwicklung würde sich aber als kontingentes Schicksal ereignen, hätte der Mensch keine Ziele. Das Ziel bildet den Menschen, nicht der Ursprung. Erst im Hinblick auf ein Ziel kann von Freiheit gesprochen werden. Freiheit ist die Möglichkeit, Gegebenes auf ein bewusst und frei gewähltes Ziel hin zu transformieren. Unter der Bedingung der Freiheit kausal determinierten Ziele. Den Menschen auf seine Ziele hin zu entwerfen, heisst ihn in seiner Freiheit zu begreifen und ihn aus seinem Bezug zur Transzendenz zu verstehen. Ziele sind Projekte der Kreativität. Es ist jene Kreativität, die uns ermöglicht, die Gottheit zu entwerfen, als deren Geschöpf wir uns gleichzeitig verstehen. Durch sie erkennen wir Ebenbildlichkeit und Differenz von Geschöpf und Schöpfer. Das begründet unsere Würde. Sie ermöglicht in der Bewegung vom Geschöpf zum Schöpfer Entwicklung und Wachstum. Sie ist aber auch der Grund unserer Freiheit, weil sie, wie die Gottheit, nicht auf kausale Zusammenhänge zu reduzieren ist. Kreativität ist nicht kalkulierbar.

Der homo oeconomicus bedeutet die Reduktion des Menschen auf einen kalkulierbaren Mechanismus und unterwirft ihn einer Gesetzmässigkeit, die von ihm ein Funktionieren nach bestimmten Regeln verlangt. Diese Regeln werden meist aus Gesetzen abgeleitet, die man in der Natur zu erkennen glaubt. Der homo oeconomicus ist also aus dem ‚so geworden sein' definiert und damit auf ein hypothetisches Konstrukt von Ursachen fixiert, das heisst an die Vergangenheit

---

[170] Sloterdjik S. 30

gebunden. Diese Optik zwingt ihn zu einem Verständnis von Gerechtigkeit, das auf Tilgung von Schuld und Erfüllung gemachter Verträge beruht.[171] Seine Kalkulierbarkeit raubt ihm Freiheit und Kreativität. Damit hat er keine Zukunft im Sinne eines Zieles und bleibt seinem Schicksal überlassen.

Man kann eine solche Ideologie durchaus als Beleidigung des Menschen auffassen, weil sie im Kern die Würde des Menschen negiert. Zorn ist darauf die adäquate Reaktion. Dieser Zorn ist bei Sloterdjik durchaus wahrnehmbar, wenn er etwa schreibt, dass der aktuelle Konsumismus die Ausschaltung des Stolzes ‚ohne altruistische, holistische und sonstige vornehme Ausreden' erreiche, ‚indem er den Menschen ihr Interesse an Würde durch materielle Vergünstigungen abkauft.' So komme das anfangs völlig unglaubwürdige Konstrukt des homo oeconomicus beim postmodernen Verbraucher doch ans Ziel.[172] Dieser Protest gegen eine den Menschen entwürdigende Ideologie ist analog zum Zorn der Gottheit in der Hiobserzählung, der sich gegen den Versuch richtet, sie einem kalkulierbaren Mechanismus zu unterwerfen.

Doch es bleibt das Problem zu lösen, wie der Mensch auf sich selbst gestellt zu Zielen kommen kann, die ihn nicht an die Vergangenheit ketten, die er sich also nicht einfach aus der gedeuteten Erfahrung erschliesst. Aus letzterer lassen sich Ziele ja nur negativ formulieren. Gute Erfahrungen ist man ja bestrebt zu wiederholen, was keinen Fortschritt bedeutet. Ich halte den Weg Hiobs für den richtigen. Die an die Gottheit gerichtete Klage, die Auseinandersetzung mit ihr, das Verlangen, von ihr Antwort zu erhalten, die Bereitschaft, eine solche Antwort zu hören und anzunehmen, kann zu neuen und hilfreichen Antworten führen. Und ich halte daran fest, dass uns in den Begriffen Friede und Gerechtigkeit verbindliche Ziele offenbart sind, die wir nicht nur anstreben, sondern auf die hin wir uns auch entwerfen sollen. Das Streben nach Friede und Gerechtigkeit ist das Wesen des Menschen. Darin findet er Freiheit und Würde.

---

[171] Vgl. Sloterdjik S. 51 Aus seiner Fixierung auf die Vergangenheit könnte man beim homo oeconomicus eine Tendenz zum Ressentiment erschliessen. Um Missverständnisse zu vermeiden, sei darauf hingewiesen, dass der Typus des Unternehmers nach Sloterdjik gerade nicht dem homo oeconomicus entspricht. Er ist im Gegenteil stark von thymotischen Impulsen geleitet. Sloterdjik spricht von ‚schöpferischer Aggression'. Vgl. ebenda S. 59

[172] Sloterdjik S. 32

Der Weg zum Ziel

Wenn uns Ziele gegeben sind, dann müssen wir sie, wenn wir sie anstreben wollen ins Auge fassen und im Auge behalten. Gerade in Konfliktsituationen muss es daher darum gehen, sich aus der Fixierung auf die Vergangenheit zu lösen. Sloterdjik erkennt in Schuld und Schulden den der Vergangenheit geknüpften Knoten, der einen rückwärtsgewandten Beziehungszwang aufrechterhält, wodurch das Gewesene seine Herrschaft über das Kommende aufrechterhält. Abzahlen und Heimzahlen sind für ihn die Quellen des Ressentiments.[173] Gerechtigkeit, die sich über Schuld- und Schuldenausgleich definiert, kann daher über das Ressentiment und die Vorstellung der Rache nicht hinausgelangen. Es ist eine Vorstellung von Gerechtigkeit, die nach dem sloterdjikschen Axiom[174] zwingend überwunden werden muss. Eine neue Gerechtigkeit muss also gefunden werden, die den Menschen ein Leben in Würde, wozu auch die Subsistenz gehört, und Freiheit ermöglicht. Dies führt zur Einsicht, dass die Erfindung von Gerechtigkeit, die aufs Heimzahlen und Vergelten verzichtet, auf Vergebung angewiesen ist. Man könnte den Prozess, der Vergebung möglich macht, als Metanoia bezeichnen. Das Wort wird mit Sinnesänderung, Umkehr und Busse übersetzt.[175] Metanoia kann also als Vorgang der Transformation gedeutet werden. Die Bedeutung Busse lässt erkennen, dass Vergebung nicht einfach als Entschluss, nicht mehr an die Vergangenheit zu denken, verstanden werden kann. Die Erfindung einer neuen Gerechtigkeit geht mit einer veränderten Deutung der Vergangenheit einher. Metanoia bedeutet nicht nur Umkehr der Perspektive sondern auch Veränderung der Position in Relation zum Ganzen, d.h. sie bewirkt nicht nur eine Ausrichtung auf das Ziel sondern verändert auch den Blick auf die Geschichte. Wenn Vergebung möglich sein soll, dann kann Geschichte nicht mehr als die Summe des erlittenen Unrechts dargestellt und verstanden werden, sondern als Weg, der allen erlittenen Verletzungen und Schmerzen zum Trotz Sinn und Perspektive eröffnet. Diese Sicht wird nicht in einem alles entscheidenden Moment der Bekehrung ein für alle Mal errungen. Luther erinnerte in der ersten seiner 95 Thesen daran, dass die Busse ein permaneter Prozess ist.[176] Damit ist mit Busse eben gerade

---

[173] Sloterdjik S. 51f

[174] In der globalisierten Situation ist keine Politik des Leidensausgleichs im Grossen mehr möglich, die auf dem Nachtragen von vergangenem Unrecht aufbaut. Sloterdjik S. 354

[175] Vgl. Walter Bauer Wörterbuch zum Neuen Testament Walter de Gruyter, Berlin New York 1971 S.1013

[176] Die erste seiner 95 Thesen lautet: Dominus et magister noster Iesus Christus dicendo ‚Penitentiam agite etc.' omnem vitam fidelium penitentiam esse voluit. Unser Herr und Meister, Jesus Christus

nicht die Figur der ‚rachsüchtigen Demut'[177]gemeint, sondern es ist durch sie die Möglichkeit zur permanenten Erfindung von Gerechtigkeit eröffnet. So wäre eine Grundlage für einen Frieden geschaffen, der sich nicht in einer auf ewig erstarrten Ordnung realisiert, sondern in der permanenten Auseinandersetzung und Erfindung von Gerechtigkeit.

Für die Mediation kommt man damit zu Schlussfolgerungen, wie sie von Robert A. Baruch Bush und Joseph P. Folger in Bezug auf den transformativen Zugang zur Mediation formuliert wurden:
'In the transformative orientation, the ideal response to a conflict is not to solve "the problem." Instead, it is to help transform the individuals involved, in both dimensions of moral growth. Responding to conflicts productively means utilizing the opportunities they present to change and transform the parties as human beings. It means encouraging and helping the parties to use the conflict to realize and actualize their inherent capacities both for strength of self and for relating to others. It means bringing out the intrinsic goodness that lies within the parties as human beings.'[178]

In dieser Sicht wird die Mediation als Hilfestellung in einem moralischen Wachstums und Entwicklungsprozess verstanden. Es geht darum, die in ihnen vorhandenen Tugenden zur Entfaltung zu bringen. Diese gründen in der Selbst-affirmation (capacity for strength of self) und der Beziehungsfähigkeit' (capacity for relating to others). [179] Dies geschieht durch Ermutigung und selbstverantwortliche Mitbeteiligung am Prozess (empowerment) und anerkennende Bestätigung (recognition). [180]

Als Theologe würde ich formulieren, dass die Menschen auf ihre Gotteben-bildlichkeit angesprochen werden müssen, d.h. auf ihre ihnen von Gott gegebene Bestimmung und ihr Wesen, das darin lieg, nach Frieden und Gerechtigkeit zu streben. Anders formuliert heisst das: es gilt die Menschen auf ihre besten Möglichkeiten, ihre Fähigkeiten, ihre Kraft und Kreativität anzusprechen, ihre Ehre zu respektieren und ihr Würde anzuerkennen. Dies gerade dann, wenn sie uns nicht

---

wollte, indem er sagte, tut Busse u.s.w., dass das ganze Leben eine aufrichtige Busse sei. Lateinischer Text aus: http://church.lutheran.hu/luther/95th-lat.html Übersetzung H.G.

[177]Sloterdjik S. 354

[178] Rober A. Baruch Bush, Joseph P. Folger, The Promise of Mediation, Jossey-Bass San Francisco, 1994 S. 82

[179] Vgl. ebenda S. 84

[180] ebenda

unter diesen Aspekten in Erscheinung treten. Es ist die Figur der präsentischen Eschatologie, die es erlaubt den Menschen schon in der Gegenwart auf seine aktuelle Vollkommenheit anzusprechen, die er in seinem Streben nach Gerechtigkeit erst zur Entfaltung bringen wird. Es ist diese Wahrnehmung der Gottebenbildlichkeit des Menschen, die es zu kommunizieren gilt. Wenn es gelingt, in einer Auseinandersetzung den Parteien wechselseitig diese Wahrnehmung voneinander zu vermitteln ist Gerechtigkeit erfunden worden. Man mag das für utopisch halten, doch ich vertraue auf das Wort, das uns von Jeremia überliefert ist:

Die Gottheit sagt: **‚Denn ich, ich kenne die Gedanken die ich über euch denke, Gedanken des Friedens und nicht zum Unheil, um euch eine Zukunft zu geben und Hoffnung.**[181]

[181] Jer. 29.11

Printed by Books on Demand GmbH, Norderstedt / Germany